はじめに

　この本は、日本語学習者に日本語や日本の文化や社会に興味を持ち、楽しく理解を深めてもらいたいと思い、作成しました。クイズをしながら、日本についてのさまざまなジャンルのことばや情報を手軽に、かつ、楽しく学べるようになっています。問題は、日本の文化、地理、歴史、社会事情、スポーツ、アニメ、芸術など、幅広いジャンルにわたっています。さまざまなトピックに親しむことで、日本語のレベルを問わず、話のきっかけが増え、会話が弾むようになればと願っています。

　クイズは三つのレベルに分かれています。初級の問題は身近なトピックや日本と聞いてまずイメージするような基本的なことをクイズにしました。中級ではさらに踏み込んだ内容の問題、上級では一般の日本人でも頭をひねるような問題もあり、クイズを通して日本のいろいろな姿がわかるようになっています。

　また、この本は日本語を教える方のために作った本でもあります。日本語についての基本的な問題や授業ネタになる問題も入っています。さらに、日本語学習者の誤用例も巻末に掲載しました。それらの誤用の解説はあえて入れていません。なぜ学習者がこのような間違いをするのか、どこが難しいのかなど、いろいろ考えてみてください。

　以上のような趣旨ではありますが、とにかくクイズを楽しんでもらえればと思っております。

目次

はじめに ……………………………… 1

● 初級レベル ……………………………… 5

　日本の地図 ……………………………… 82

● 中級レベル ……………………………… 85

　日本の歴史 ……………………………… 162

● 上級レベル ……………………………… 165

● 付録 誤用例 ……………………………… 241

本の見方

右のページに問題、次のページに解答と解説があります。

クイズの内容

いろいろなジャンル、トピックの問題があります。

- 年中行事・日本の習慣
- 伝統文化・伝統芸能
- 日本の生活
- 日本の社会
- 食べ物・料理
- 地理
- 歴史

- 科学
- スポーツ
- アニメ・マンガ・ゲーム
- 音楽・映画・エンタメ
- 芸術・文学
- 流行
- 日本語・ことば

　　　　　　　　　　　　など

Quiz
初級

日本のこと
どのぐらい知ってる?

START!

問題 Q

初級

1. 桜はいつ咲きますか。

A. 春
B. 夏
C. 秋

2. 東京タワーの高さは（　　　）メートルです。

A. 555
B. 444
C. 333

3. 日本の郵便ポストはふつう何色ですか。

A. 緑
B. 赤
C. 黒

4. これは何ですか。

A. しょうが
B. わさび
C. からし

A 解答と解説

1 A. 春

桜は春を代表する花で500種類以上ある。ソメイヨシノという種類が一番ポピュラーで、桜が咲くと、お花見を楽しむ人も多い。

2 C. 333

東京タワーは1958年に開業した。高さ150 m（メインデッキ）と250 m（トップデッキ）に展望台があり、天気がよければ富士山も見える。

3 B. 赤

日本のポストが正式に赤になったのは、1908年から。それ以前は木製の黒色だった。

4 B. わさび

さしみやにぎり寿司、そばなどの薬味として食べられている。

問題 Q

初級

5 ひらがなは全部で何文字ありますか。

　A. 46文字
　B. 50文字
　C. 71文字

6 これは何ですか。

　A. はなび
　B. ひばな
　C. せんこう

7 お酒を飲んでもいいのは何歳からですか。

　A. 18歳
　B. 20歳
　C. 22歳

8 日本のお札は千円札、五千円札、一万円札と（　　）です。

　A. 五百円札
　B. 二千円札
　C. 二万円札

A 解答と解説

5 A. 46文字

仮名は「五十音」と呼ばれるが、全部で46文字。昔は「ゐ」「ゑ」という文字もあったが、現在は使われていない。このほかに「゛」「゜」がついた文字もある。

6 A. はなび

日本では花火は主に夏に行われる。夜空にあげる「打ち上げ花火」と、手で持って遊ぶ「手持ち花火」がある。

7 B. 20歳

2022年4月1日から成人年齢は18歳になったが、お酒を飲んだりタバコを吸ったりできるのは20歳から。また国民年金に入るのも20歳から。

8 B. 二千円札

二千円札は2000年7月に発行された。五百円札は1951年から1994年まで発行されていた。

問題 Q

初級

9 このパンは何といいますか。

A. 食パン
B. 箱パン
C. 四角パン

10 富士山の高さは（　　　）メートルです。

A. 2776
B. 3776
C. 4776

11 赤と青をまぜると紫色になります。
では、青と黄色をまぜると何色になりますか。

A. 水色
B. 茶色
C. 緑

12 日本の人口はどのぐらいですか。

A. 約1億人
B. 約1億2000万人
C. 約1億8000万人

A 解答と解説

初級

9 A. 食パン

「主食用パン」「本食パン」などが語源だと言われている。「パン」はポルトガル語が由来。食パンの周りの茶色の部分は「パンの耳」という。

10 B. 3776

静岡県と山梨県の間にある日本で一番高い山で日本の象徴。2013年に世界文化遺産に登録された。

11 C. 緑

青 + 黄色 ⇒ 緑　、　青 + 白 ⇒ 水色

赤 + 青 + 黄色 ⇒ 茶色

12 B. 約1億2000万人

日本の人口は1億2410万人（2024年2月 総務省統計局）で、世界12位。

問題 Q

初級

13 「じゃんけん」でこれに勝つのは何ですか。

A. グー
B. チョキ
C. パー

14 「親子どんぶり」に入っているのは、卵と何ですか。

A. 牛肉
B. 豚肉
C. 鶏肉

15 警察を呼ぶ時の電話番号は何番ですか。

A. 110
B. 117
C. 119

16 「すいぞくかん」で見ることができるのは何ですか。

A. 動物
B. 魚
C. 絵

A 解答と解説

初級

13) A. グー

「じゃんけんぽん」と言って出す。同じものを出したことを「あいこ」という。

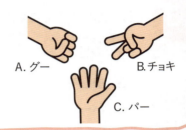

14) C. 鶏肉

卵と鶏肉は親子の関係になることから、「親子丼」という。明治時代から食べられている。鶏肉以外の肉を使ったものは「他人丼」という。

15) A. 110

警察を呼ぶ電話番号110番は「ひゃくとおばん」という。117に電話をすると、現在の時刻が聞ける。119は消防車や救急車を呼ぶ時。

16) B. 魚

「水族館」では海や川、湖などで生活する生物を見ることができる。動物を見ることができるのは「動物園」、絵を見ることができるのは「美術館」。

問題 Q

初級

17 日本で一番大きい島はどれですか。

　　A. 北海道
　　B. 本州
　　C. 九州

18 これは何ですか。

　　A. 大漁旗
　　B. ドラゴンおどり
　　C. こいのぼり

19 「て形」にしたとき、形がちがうのはどれですか。

　　A. 書きます
　　B. 行きます
　　C. 咲きます

20 にわとりの鳴き声はどれですか。

　　A. チュウチュウ
　　B. モーモー
　　C. コケコッコー

A 解答と解説

17 B. 本州

日本の国土面積は約 38 万km²。
本州は約 24 万km²、北海道は約 8 万km²、九州は約 4 万km²、四国は約 2 万km²。

18 C. こいのぼり

5月5日を端午の節句という。江戸時代から男の子の健やかな成長を願って、町人たちの間で「こいのぼり」を庭先に飾るようになった。

19 B. 行きます

「行きます」のて形は「行って」、「書きます」は「書いて」、「咲きます」は「咲いて」になる。

20 C. コケコッコー

Aはねずみの鳴き声、Bは牛の鳴き声。

問題 Q

初級

21. 和室にしいてあるものは何ですか。

- A. ふすま
- B. しょうじ
- C. たたみ

22. 新幹線「のぞみ」に乗ると、東京から新大阪まで何時間で行けますか。

- A. 約2時間30分
- B. 約3時間
- C. 約3時間30分

23. 人間の体の中で一番硬い部分はどこですか。

- A. つめ
- B. 歯
- C. 骨

24. 「たなばた」は何月何日ですか。

- A. 3月3日
- B. 5月5日
- C. 7月7日

A 解答と解説

21　C. たたみ

- B. 障子(しょうじ)
- A. ふすま
- C. 畳(たたみ)

22　A. 約2時間30分

東京駅から新大阪駅まで約2時間30分、東京駅から博多駅まで約5時間で行ける。

23　B. 歯(は)

歯は脳を守る頭蓋骨などの骨よりも硬く、ガラスや鉄よりも硬い。

24　C. 7月7日(なのか)

漢字で「七夕(たなばた)」と書く。3月3日は「ひな祭り」、5月5日は「こどもの日」。

問題 Q

初級

25 とても頭が痛くて、頭が（　　　）します。

- A. どきどき
- B. がんがん
- C. ぐるぐる

26 日本の学校や仕事の一年は（　　　）に始まります。

- A. 1月
- B. 4月
- C. 9月

27 これは何ですか。

- A. お好み焼き
- B. たい焼き
- C. たこ焼き

28 「服を着る」の「着る」はどのグループの動詞ですか。

- A. Ⅰグループ（五段動詞）
- B. Ⅱグループ（一段動詞）
- C. Ⅲグループ（不規則動詞）

A 解答と解説

25 B. がんがん

大きな音が頭の中でなっているように頭がひどく痛むときの表現。緊張したりした時は「(胸が)どきどきする」、ものが回る様子を「ぐるぐる回る」という。

26 B. 4月

日本の学校や会社、行政機関などでは4月1日から翌年の3月31日までを一年と考える。これを「年度」という。

27 C. たこ焼き

中にタコが入っている大阪発祥の食べ物。

28 B. IIグループ(一段動詞)

IIIグループの動詞は「する、来る」だけ。その他の動詞は「-iる」「-eる」はIIグループの動詞(ただし、例外もある)。

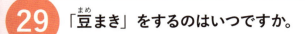

29 「豆まき」をするのはいつですか。

- A. 成人式
- B. 節分
- C. こどもの日

30 結婚指輪は（　　　）にします。

- A. 親指
- B. 中指
- C. 薬指

31 全くのうそのことを「（　　　）なうそ」といいます。

- A. 真っ白
- B. 真っ赤
- C. 真っ黒

32 東京ディズニーランドはどこにありますか。

- A. 東京都
- B. 神奈川県
- C. 千葉県

29 B. 節分

「節分」は季節の変わり目という意味で、特に立春の前の日（2月3日ごろ）のことをいうようになった。節分には災い（よくないこと）を追い払うために「鬼は外、福は内」と言って豆をまく。

30 C. 薬指

薬をつけるのに使われることから、4番目の指を薬指という。

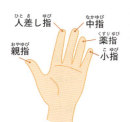

31 B. 真っ赤

「赤」は「明らか」と同じ語源で、「まったくの」「すっかり」という意味がある。「赤の他人」も同じ使い方。

32 C. 千葉県

千葉県浦安市に1983年に開園した。東京駅から電車で約20分のところにあり、隣にある東京ディズニーシーと合わせて「東京ディズニーリゾート」という。

問題 Q

初級

33
神社の入り口にあります。これは何ですか。

A. 鳥居
B. 赤門
C. 垣根

34
地震の後に起こる大きな波を何と言いますか。

A. 大波
B. 津波
C. 横波

35
日本の「ショートケーキ」はどれですか。

A.

B.

C.

A 解答と解説

33) A. 鳥居

神社の参道の入り口にあって、神の領域との境界線を示す門。

34) B. 津波

地震で海底が動いて大きな波が起こる。
英語でも「tsunami」という。

35) C.

日本のショートケーキはスポンジに生クリームをぬってイチゴをのせたもの。

A. パウンドケーキ

B. ホットケーキ

36 令和元年は西暦何年ですか。

A. 2018年
B. 2019年
C. 2020年

37 お正月のあいさつです。何と言いますか。

A. あけておめでとうございます
B. あけましておめでとうございます
C. あけましておめでとうございました

38 これは何ですか。

A. わし
B. ふらい
C. たこ

39 「床屋」というのは何ですか。

A. 寝る部屋
B. 髪を切る店
C. 木の床

A 解答と解説

初級

36　B. 2019 年

令和は 2019 年 5 月 1 日から。ちなみに、平成は 1989 年 1 月 8 日から 2019 年 4 月 30 日まで。

37　B. あけましておめでとうございます

「新年あけましておめでとうございます」と使うことも多いが、「あけまして」は「古い年が終わって新しい年になった」という意味なので、「新年」か「あけまして」のどちらか一つでいい。

38　C. たこ

空を飛ぶ姿がタコ(蛸)に似ていたことから。「たこ」というのは関東方言で、関西では「いか」と呼んでいたことがあったらしい。

39　B. 髪を切る店

理髪店、理容室、散髪屋の別の言い方。店の前に赤、青、白のサインポールがあり、ひげそりや顔そりをすることもできる。

問題 Q

初級

40 日本の都道府県は全部でいくつありますか。

A. 43
B. 47
C. 50

41 お正月に食べる特別な料理を何といいますか。

A. 年越しそば
B. ちらし寿司
C. おせち料理

42 この楽器は何ですか。

A. こと
B. たいこ
C. ふえ

43 頭の上につけるとどこへでも飛んでいけるドラえもんの道具は何ですか。

A. あんきパン
B. どこでもドア
C. タケコプター

A 解答と解説

初級

40　B. 47

1都（東京都）、1道（北海道）、2府（京都府、大阪府）、43県で47都道府県ある。

41　C. おせち料理

煮しめ・昆布巻・ごまめ・きんとん・かまぼこ・数の子・なます・伊達巻などを重箱につめる。

42　B. たいこ

A. こと 　　C. ふえ

43　C. タケコプター

日本の伝統的なおもちゃの「竹とんぼ」と「ヘリコプター helicopter」を組み合わせた名前。

問題 Q

44 交通事故でけが人が出たり、急に病人が出た時に呼ぶ車は何ですか。

A. きゅうきゅうしゃ
B. パトカー
C. しょうぼうしゃ

45 雨がよく降る「梅雨」は（　　　）ごろです。

A. 3月
B. 6月
C. 9月

46 九州地方にはいくつの県がありますか。

A. 七つ
B. 八つ
C. 九つ

47 浴衣を着た時にはきます。これは何ですか。

A. げた
B. ぞうり
C. サンダル

A 解答と解説

初級

44) A. きゅうきゅうしゃ

救急車をよぶ電話番号は119番。Bはパトロールカー（patrol car）を短くした言い方で、警察の車。電話番号は110番。Cは火事の時によぶ車で、電話番号は119番。

45) B. 6月

夏至（6/21ごろ）を中心に前後それぞれ約20日ずつの雨の多い時期。このころ梅の実がなるため「梅雨」と書くようになった。

46) B. 八つ

福岡県、佐賀県、長崎県、熊本県、大分県、宮崎県、鹿児島県、沖縄県の8県。

47) A. げた

げたは木で作られている。
Bは一般的に着物を着る
時にはく底が平らなもの。

A. げた

B. ぞうり

問題 Q

初級

48 力士がすもうをする前に土俵にまくものは何ですか。

- A. 水
- B. 塩
- C. 花びら

49 これは何ですか。

- A. こま
- B. こけし
- C. けんだま

50 形容詞です。仲間はずれはどれですか。

- A. きれい
- B. かわいい
- C. うつくしい

51 新年に子供がもらうお金を何といいますか。

- A. お年賀
- B. ボーナス
- C. お年玉

A 解答と解説

48 B. 塩

塩をまくのは土俵を清めるという意味がある。

49 C. けんだま

けん玉のようなおもちゃは古くから外国にもあった。江戸時代に日本に伝わり、今の形のものは大正時代から人気になった。現在は英語でも「KENDAMA」という。

A. こま

B. こけし

50 A. きれい

「〜い」で終わるのは「い形容詞」。「きれい、きらい、ゆうめい」は例外で「な形容詞」。な形容詞は名詞の前にくる時、「きれいな花」のように「な」がつく。

51 C. お年玉

お年玉の習慣は中世からあったが、現金をわたすようになったのは 1960 年ごろ（高度経済成長期）から。A は新年のあいさつやお祝い、B は給料のほかにもらう特別なお金のこと。

問題 Q

52 これは何ですか。

A. すごろく
B. さいころ
C. けん玉

53 『名探偵コナン』の主人公、江戸川コナンは帝丹小学校の何年生ですか。

A. 1年生
B. 2年生
C. 3年生

54 日本人に一番多い血液型は何型でしょう。

A. A型
B. B型
C. O型

55 午後3時ごろ少しおなかがすいた時、食べるものを何といいますか。

A. ごちそう
B. つまみ
C. おやつ

A 解答と解説

52) B. さいころ

「さいころをふる」という。「すごろく」は「さいころ」をふって出た目の数だけ進むゲーム。

53) A. 1年生

1年B組のクラスメートで元太、光彦、歩美、子供の姿になった灰原哀と少年探偵団をつくっている。

54) A. A型

日本人の血液型の割合は、A型が約40％、O型が約30％、B型が約20％、AB型が約10％。

55) C. おやつ

昔の時刻の呼び方で「八つ時＝現在の午後3時頃」に食べたところから「おやつ」と呼ばれるようになった。

問題 Q

56 1円玉の重さはどのぐらいでしょう。

A. 1 g
B. 4 g
C. 7 g

57 ウルトラマンが地上で戦える時間は何分ですか。

A. 3分
B. 10分
C. 30分

58 おはしの正しい置き方はどれですか。

A.
B.
C.

初級

A 解答と解説

56 A. 1g

1円玉は直径20mm、アルミ100％で水に浮く。水に浮く硬貨は世界でも珍しい。50円玉は4g、500円玉は7g。

57 A. 3分

ウルトラマンシリーズは1966年に始まり、ウルトラセブン、ウルトラマンティガなどがあり、人気シリーズが現在も続いている。3分が近づくとカラータイマーが赤く点滅する。

58 C.

【おはしの正しい持ち方】

① 右手で上から取る。

② 左手で支え右手を持ち直す。

③ 右手で下から持つ。

問題 Q

初級

59 これは何ですか。

A. 色えんぴつ
B. クレヨン
C. 絵の具

60 この中で一番古い時代はどれですか。

A. 平安時代
B. 鎌倉時代
C. 奈良時代

61 柔道です。どの帯の人が一番強いですか。

A.

B.

C.

A 解答と解説

59 B. クレヨン

A. 色えんぴつ

C. 絵の具

60 C. 奈良時代

奈良時代は710年から、平安時代は794年から、鎌倉時代は1185年（1192年からという説もある）から始まった。

61 B.

柔道(13歳以上)では初段から五段までは黒帯をしめる。
その下の1級から3級は茶帯、それ以下は白帯。

問題 Q

初級

62 日本で一番大きい県はどこですか。

　　A. 長野県
　　B. 福島県
　　C. 岩手県

63 これは何ですか。

　　A. ランドセル
　　B. ショルダーバッグ
　　C. リュックサック

64 現在、日本で使われているコインは何種類ありますか。

　　A. 5種類
　　B. 6種類
　　C. 7種類

65 2月14日のバレンタインデーに日本でよくプレゼントするものは何でしょう。

　　A. 花
　　B. チョコレート
　　C. お金

A 解答と解説

初級

62) C. 岩手県

面積約 15,275㎢で、都道府県の中では北海道の次に広い。東京都・神奈川県・埼玉県・千葉県を合わせた面積より大きい。県庁所在地は盛岡市。

63) A. ランドセル

江戸時代末期に取り入れた西洋式軍隊が使うかばんのオランダ語(ransel)が語源だと言われている。明治時代に通学用のかばんとして導入され、一般に広まったのは 1960 年代以降。

64) B. 6 種類

コインの種類は、1 円玉、5 円玉、10 円玉、50 円玉、100 円玉、500 円玉。

65) B. チョコレート

日本にバレンタインデーが入ってきたのは 1930 年代で、チョコレートを贈る習慣ができたのは 1970 年代後半。最近では友達や自分のためにチョコを買う人も多い。

問題 Q

初級

66 世界中で楽しまれているカラオケ。
初めてカラオケができたのはどの国でしょう。

A. 日本
B. イギリス
C. メキシコ

67 「白い恋人」はどこのおみやげですか。

A. 新潟
B. 北海道
C. 長野

68 着物の正しい着方はどれですか。

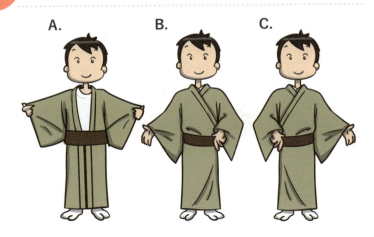

A 解答と解説

66) A. 日本

「カラオケ」は「空っぽ」の「カラ」と「オーケストラ」の「オケ」を組み合わせた言葉。1970年代ごろから一般の人向けのカラオケが広まった。

67) B. 北海道

1976年に発売が開始された北海道を代表するお土産。北海道札幌市には「白い恋人パーク」というテーマパークもある。

68) C.

着物は「右前」になるように着る。「前」は「先」という意味で、右側を先に合わせる。
Bは亡くなった人に着物を着せる場合。

問題 Q

初級

69
かえるの子供は何といいますか。

A. いもり
B. おたまじゃくし
C. めだか

70
タクシーのナンバープレートは何色でしょう。

A. きいろ
B. しろ
C. みどり

71
「医者の（　　　）」のようにまだ一人前になっていない人を何といいますか。

A. 学生
B. 赤ちゃん
C. たまご

72
母の日は5月。では父の日は何月ですか。

A. 1月
B. 6月
C. 9月

A 解答と解説

69 B. おたまじゃくし

A. いもり

C. めだか

70 C. みどり

緑色に白い字のナンバープレートは、タクシーやバスのようにお金をもらってお客をのせる車。白のプレートは自家用車、黄色は自家用車の軽自動車。

71 C. たまご

「学者の卵」「俳優の卵」「エンジニアの卵」などのように使う。

72 B. 6月

日本では父の日は6月の第3日曜日で、母の日は5月の第2日曜日。父の日も母の日も日付は国によって異なる。

問題 Q

初級

73 日本人が開発したものはどれでしょう。

　　A. 電子レンジ
　　B. 胃カメラ
　　C. ATM

74 一年で一番夜が長い日のことを何といいますか。

　　A. とうじ
　　B. げし
　　C. おおみそか

75 神社を参拝するとき、賽銭を入れて鈴を鳴らした後、どうしますか。

A.

B.

C.

A 解答と解説

73 B. 胃カメラ

1952年にオリンパス (Olympus Corporation) が世界で初めて実用化した。Aは1945年アメリカ人、Cはインド生まれのスコットランド人の発明。

74 A. とうじ（冬至）

12月21日ごろで、北半球では太陽の高さが一番低くなる。日本では、この日に柚子湯に入ったり、かぼちゃを食べたりする習慣がある。一年で一番日が長い日は6月21日ごろの「夏至」。

75 B.

【お参りの作法】
賽銭を入れる ⇒ 鈴をならす ⇒ 二礼 ⇒ 二拍手 ⇒ 祈る ⇒ 一礼

問題 Q

初級

76 祝日ではない日はどれですか。

A. ひな祭り
B. スポーツの日
C. 文化の日

77 日本で一番大きい湖、琵琶湖は何県にありますか。

A. 富山県
B. 滋賀県
C. 三重県

78 これは何ですか。

A. かだん
B. いけばな
C. ぼんさい

79 新幹線で特別席のある車両を何といいますか。

A. グリーン車
B. ファースト車
C. ビジネス車

A 解答と解説

76 A. ひな祭り

スポーツの日は10月の第二月曜日、文化の日は11月3日で祝日。ひな祭りは3月3日だが祝日ではない。

77 B. 滋賀県

形が楽器の琵琶に似ているため、この名前になった。滋賀県の面積の約6分の1を占める。

78 C. ぼんさい

枝を切ったり針金を使ったりして植物の理想の形を再現しようとする芸術。

A. 花壇 B. 生け花

79 A. グリーン車

席が広くて特別なサービスがある車両で、特別料金が必要。昔は「一等座席車」と呼ばれていた。新幹線にはグリーン車両と普通車両(自由席・指定席)がある。

問題 Q

初級

80 この花の名前は何ですか。

A. たんぽぽ
B. ひまわり
C. あさがお

81 早口言葉です。「隣の客はよく（　　　）食う客だ」

A. かき
B. たまご
C. たけ

82 1954年に誕生し、多くの映画が作られた怪獣の名前は何でしょう。

A. モスラ
B. ガメラ
C. ゴジラ

83 試験の時、他の人の答えを見たりメモを見たりすることを何といいますか。

A. トレーニング
B. カンニング
C. ラーニング

A 解答と解説

80. B. ひまわり

太陽の方を向いて動くということから、漢字で「向日葵」と書く。

A. たんぽぽ　C. あさがお

81. A. かき

「隣の客はよく柿食う客だ」はよく知られている早口言葉。「生麦生米生卵」「赤パジャマ黄パジャマ茶パジャマ」「バスガス爆発」「竹垣に竹立てかけた」などもある。

82. C. ゴジラ

ゴジラは「ゴリラ」と「クジラ」を合わせた造語で、核実験の影響で生まれた古代怪獣。ゴジラ映画は30作品ある。モスラは蛾の怪獣、ガメラは亀の怪獣。

83. B. カンニング

cunningが語源だが、英語の意味とは違っていて、日本語のカンニングは日本語独特の意味。

問題 Q

初級

84 おもしろい話を一人でして、聞いている人を笑わせる演芸を何といいますか。

A. 落語
B. 漫才
C. 狂言

85 TOYOTAの本社はどこにありますか。

A. 愛知県
B. 東京都
C. 神奈川県

86 日本では「月で（　　　）が餅をついている」といいます。

A. かに
B. うさぎ
C. わに

87 「♪でんでんむしむし（　　　）おまえの頭はどこにある♪」と歌われるこの生き物は何ですか。

A. なめくじ
B. かたつむり
C. まきがい

A 解答と解説

84) A. 落語

江戸時代にできた伝統的な話芸の一種。おもしろい話の最後に「落ち」をつけて客を楽しませることから、落語と呼ばれるようになった。

85) A. 愛知県

愛知県豊田市にある。TOYOTAの本社があることから、1959年に挙母市から豊田市という名前に変わった。
TOYOTAは創業者の「豊田喜一郎」の名前から。

86) B. うさぎ

月の模様の見え方は国によって違っており、日本やアジアの国ではウサギ、南ヨーロッパではカニ、南アメリカではワニに見えると言われている。

87) B. かたつむり

かたつむりは「でんでんむし」「まいまい」とも呼ばれる。

A. なめくじ

C. まきがい

問題 Q

初級

88 奈良公園にたくさんいる動物は何ですか。

　　A. ひつじ
　　B. さる
　　C. しか

89 茶道では、茶菓子はいつ食べますか。

　　A. お茶を飲む前
　　B. お茶を飲みながら
　　C. お茶を飲んだ後

90 「ししまい」はどれですか。

A.

B.

C.

A 解答と解説

88 C. しか

奈良公園にいる鹿は国の天然記念物に指定されている野生動物。神様が鹿に乗ってきたという伝説があり、1000頭以上いる（2023年7月の調査）

89 A. お茶を飲む前

抹茶をおいしくいただくために、お菓子は先に全部食べる。抹茶を飲みながら食べてはいけない。もし全部食べられない時は、お菓子の下にある紙に包んで持って帰る。

90 B.

日本ではお正月やお祭りの時に見られる。獅子に頭をかまれると縁起がいいとされている。二人以上で獅子舞をするのは西日本に多く、一人でするのは関東や東北地方に多い。

B. 獅子舞

A. 神楽

C. 盆踊り

問題 Q

初級

91 ことわざです。「猫に（　　　）」

- A. 念仏
- B. 真珠
- C. 小判

92 日本人のパスポートに描かれている花は何ですか。

- A. 桜
- B. 菊
- C. 朝顔

93 力士がよく食べる料理として知られている料理は何ですか。

- A. ちゃんこ料理
- B. かいせき料理
- C. しょうじん料理

94 3月14日は（　　　）デーです。

- A. バレンタイン
- B. ブラック
- C. ホワイト

55

A 解答と解説

初級

91 C. 小判

「小判」とは昔のお金のこと。「猫に小判」は価値のわからない人に貴重なものをあげても、無駄になってしまうという意味。「馬の耳に念仏」「豚に真珠」も同じ意味。

92 B. 菊

菊の花は皇室の紋章にも使われ、桜とともに日本を代表する花。パスポートの色は、5年用が濃い紺、10年用が赤、公用パスポートが緑色、外交パスポートが茶色。

93 A. ちゃんこ料理

相撲部屋でつくられる鍋料理のこと。B「会席料理」は、現代の日本料理の主流。C「精進料理」は仏教の影響を受け、野菜、豆、穀物などを使った料理。

94 C. ホワイト

2月14日のバレンタインデーに女性からチョコレートをもらった男性がお返しとしてお菓子などをあげる日。1980年頃に日本のお菓子メーカーによって始められた。

95 「言う」の尊敬語は何ですか。

A. いらっしゃる
B. おっしゃる
C. もうす

96 水の中に住んでいるのはどれですか。

A. かっぱ
B. ざしきわらし
C. てんぐ

97 日本の食事のマナーでしてはいけないことは何でしょう。

A. 音を立てて そばを食べる

B. はしからはしへ 料理を渡す

C. お茶碗を持って 食べる

A 解答と解説

初級

95 B. おっしゃる

Aは「いる、来る、行く」の尊敬語。Cは「言う」の謙譲語。

96 A. かっぱ（河童）

 日本の川に住む妖怪。泳ぎが得意でいたずら好き。頭の上の皿の水がなくなると力が出なくなる。

97 B. はしからはしへ料理を渡す

箸から箸へ食べ物を渡すのは「はし渡し」といい、葬式で骨を拾う行為に似ているのでよくない。

問題 Q

初級

98 これは日本語で何といいますか。

A. ト音記号
B. 音符
C. シャープ

99 都道府県名を「あいうえお順」に並べた時に、一番最初にくるのは何県でしょう。

A. 青森県
B. 愛知県
C. 石川県

100 約束する時に歌う「ゆびきりげんまん」。「♪ゆびきり、げんまん、うそついたら、〜♪」さて、どうするでしょう。

A. うそをついた人に針を千本飲ませる
B. うそをついた人の舌をぬく
C. うそをついた人の指を切る

101 この意味は何ですか。

A. 大正
B. 昭和
C. 平成

A 解答と解説

98 A. ト音記号

B. 音符 　　C. シャープ

99 B. 愛知県

「あいうえお順」は「五十音順」ともいう。まず一文字目をあいうえお順に並べ、一文字目が同じ場合は二文字目をあいうえお順に並べる。

100 A. うそをついた人に針を千本飲ませる

約束をするときにはお互いの小指をからませ合う。「げんまん」とは10000回殴ること。約束を破ったら10000回殴って、うそをついたら針を千本飲ませる、という意味。

101 C. 平成

「大正」「昭和」「平成」「令和」などの元号とそれに続く年数を書く書き方を「和暦」という。省略して大正はT、昭和はS、平成はH、令和はRと書くこともある。

問題 Q

初級

102
授業が終わった後、学生が言ってはいけないのはどれですか。

A. 先生、さようなら。
B. 先生、ありがとうございました。
C. 先生、お疲れ様でした。

103
太陽が見えなくなる日食。どうして起こりますか。

A. 太陽がとても遠くなるから
B. 太陽と地球の間に月が入るから
C. 太陽と月の間に地球が入るから

104
『SPY × FAMILY』のアーニャが好きな食べ物は何ですか。

A. りんご
B. にんじん
C. ピーナッツ

105
「なでしこジャパン」は何のチームですか。

A. 女子サッカー
B. 男子野球
C. 水泳

A 解答と解説

初級

102 C. 先生、お疲れ様でした。

ビジネスシーンでは目下の人から目上の人に対して「お疲れ様でした」を使うことは多いが、学生が先生に対して使うと失礼になる。

103 B. 太陽と地球の間に月が入るから

太陽と地球の間に月が入って、月が太陽を隠すことを「日食」という。太陽と月の間に地球が入って、地球の影で月が見えなくなることを「月食」という。

104 C. ピーナッツ

アーニャの好きなものはピーナッツとカリカリベーコンで、嫌いなものはにんじん。母ヨルの作ったココアも好き。

105 A. 女子サッカー

日本女性を例える「大和撫子」という言葉からサッカー日本女子代表チームの愛称になった。野球日本代表チームは「侍ジャパン」、水泳日本代表チームは「トビウオジャパン」。

問題 Q

106
成人式などで若い女性が着る袖の長い着物は何といいますか。

A. 浴衣
B. 振り袖
C. 白無垢

107
「本当」の「ん」と同じ発音の「ん」はどれですか。

A. ほんだい（本題）
B. ほんき（本気）
C. ほんもの（本物）

108
昔話のかぐや姫はどこから出てきましたか。

A. 桃
B. 玉手箱
C. 竹

109
数字の語呂合わせです。648は「虫歯」、1122は「いい夫婦」です。では、5963は何でしょう。

A. ごちそうさま
B. ごくろうさん
C. ごめんなさい

A 解答と解説

初級

106　B. 振り袖

袖の長い着物で、現在は未婚の女性の礼装。Aは夏の普段着として着たり、お風呂上がりに着たりする。Cは花嫁衣装ですべてが白い着物。

107　A. 本題

本題の「ん」は[n]、本気の「ん」は[ŋ]、本物の「ん」は[m]。「ん」の後ろの音によって発音が変わる。

108　C. 竹

「かぐや姫」は『竹取物語』に出てくる月から来た天女で、5人の貴人や天皇の求婚を断り、月に帰ってしまう。『竹取物語』は平安時代初期にできた日本最古の物語とされている。

109　B. ごくろうさん

「語呂合わせ」というのは、数字や記号を覚えやすくするために、音が似ている意味のある言葉に置きかえること。歴史の年号や化学式、番号を覚えるときなどによく使われる。

問題 Q

110 Nintendoのゲーム『スーパーマリオ』に出てくるマリオの弟の名前は何ですか。

- A. ヨッシー
- B. ワリオ
- C. ルイージ

111 「米」はアメリカ、「露」はロシアのことです。では「仏」はどこの国でしょう。

- A. フランス
- B. ドイツ
- C. インド

112 「ありがとう」の手話はどれですか。

A.
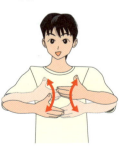

B.

C.

A 解答と解説

初級

110 C. ルイージ

マリオの双子の弟。マリオより背が高くてやせている。みどりの服を着て、帽子に「L」のマークがある。

111 A. フランス

「ドイツ」は「独」、「インド」は「印」と書く。その他、イギリスは「英」、イタリアは「伊」、オーストラリアは「豪」、カナダは「加」、ベトナムは「越」と書く。

112 B.

A. うれしい　　　B. ありがとう　　　C. おいしい

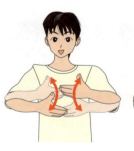

問題 Q

初級

113
日本の秋は紅葉が美しいです。
葉が真っ赤になるこの木は何ですか。

A. まつ
B. いちょう
C. もみじ

114
7月の第3月曜日は何の日ですか。

A. みどりの日
B. 海の日
C. 山の日

115
チョウになる前のこの状態を何といいますか。

A. さなぎ
B. いもむし
C. ようちゅう

116
日本の2023年の出生率(合計特殊出生率)はどのぐらいでしょうか。

A. 1.20
B. 1.54
C. 2.13

A 解答と解説

113 C. もみじ

A. 松

B. いちょう

114 B. 海の日

海の日は元々は7月20日だったが、2003年から7月第3月曜日。Aは元々は4月29日だったが2007年から5月4日。Cは8月11日で、2016年に始まった。

115 A. さなぎ

B. いも虫

C. 幼虫

116 A. 1.20

合計特殊出生率とは一人の女性が一生に産む子供の数。1990年は1.54、1970年は2.13だった。2023年に生まれた子供の数は約72万7000人で過去最少だった。

問題 Q

117 乾電池の日本での呼び方です。一番大きいものはどれですか。

A. 単1
B. 単2
C. 単3

118 ご飯を食べています。どんなオノマトペがいいですか。

A. ぱくぱく
B. ずるずる
C. もぐもぐ

119 留学ビザの留学生が一週間にアルバイトできるのは原則として（　　　）時間までです。

A. 14
B. 28
C. 56

120 除夜の鐘は、大晦日に（　　　）回つきます。

A. 33
B. 108
C. 205

A 解答と解説

117 A. 単1

電池のサイズは大きい順に単1、単2、単3、単4、単5で、日本だけの呼び方。よく使う単3電池は、国際規格(IEC)では「R6」で長さ5.5cm。

118 C. もぐもぐ

口を開けずに食べたり話したりする様子。
Aは口を大きく開けたり閉じたり、勢いよく食べたりしている様子。
Bは麺などを音を立てて食べる様子や物を引きずる様子。

119 B. 28

留学ビザを持つ留学生のアルバイトは資格外活動といって、原則1週間28時間まで。夏休みや冬休みなどは1日8時間以内、1週間40時間まで働ける。

120 B. 108

108の煩悩を取り除くためと言われている。煩悩とは執着、憎悪、無知、慢心、仏教の教えに対する疑い、誤った見解などのこと。

問題 Q

初級

121
同僚が1週間ほど海外出張に行きます。ふつう何と声をかけますか。

A. お元気で
B. お大事に
C. 気をつけて

122
俳句は、5、7、（　　　）で作ります。

A. 5
B. 7
C. 9

123
これは何ですか。

A. オリオン座
B. 南十字星
C. 北斗七星

124
これは何という部首ですか。

A. さんずい
B. のぎへん
C. しんにょう

A 解答と解説

初級

121 C. 気をつけて

A はしばらく会えない人やもう会えない人との別れの時に相手に言う言葉。別れのあいさつの一つ。B は病気やけがをした人に言う言葉。

122 A. 5

俳句は、五・七・五の十七文字を定型とする短い詩で、季語を含むことを原則とする。季語がないものは川柳という。

123 C. 北斗七星

大熊座の中の七つの星で、ひしゃくの形に並んでいる。
A(Orion) は、日本では冬、南の空に見える。
B(Southern Cross) は、日本では沖縄でしか見られない。

124 B. のぎへん

穂が垂れた穀物の形を表す。稲、秋、私、科など

 A. さんずい
海、湖、波など

 C. しんにょう
道、進む、近いなど

問題 Q

初級

125 「バスを降りる」の「を」と同じ使い方の「を」はどれですか。

A. 音楽を聞く
B. 部屋を出る
C. 川沿いを走る

126 就職活動をする時にはどんな服を着たほうがいいですか。

A. タキシード
B. ユニフォーム
C. スーツ

127 車の免許を取ったばかりの人がつけるマークはどれですか。

A.

B.

C.

A 解答と解説

125 B. 部屋を出る

「バスを降りる」「部屋を出る」の「を」は移動の起点を表す。「音楽を聞く」の「を」は動作の対象、「川沿いを走る」の「を」は通過の場所を表す。

126 C. スーツ

特に就職活動の時に着るスーツを「リクルートスーツ」という。

A は tuxedo、B は uniform。

127 A.

「初心者マーク」といい、免許を取って 1 年未満のドライバーがつける。「若葉マーク」と呼ばれることもある。
B は 70 歳以上のドライバーがつける。

A. 初心者マーク
B. 高齢者マーク
C. 身体障害者マーク

問題 Q

初級

128 これは何ですか。

A. なると
B. いなり
C. こんにゃく

129 「テレビが壊れています」の「〜ている」と同じ使い方の文はどれですか。

A. 家の前に車が止まっています。
B. 母は今、料理をしています。
C. 父は銀行で働いています。

130 祝日がない月は6月と何月ですか。

A. 4月
B. 8月
C. 12月

131 お正月にはじめて神社やお寺に行くことを何といいますか。

A. はつぶたい
B. はつもうで
C. はつゆめ

A 解答と解説

128 A. なると

正式には「なると巻」といい、魚のすり身から作るかまぼこの一種。

B. いなり寿司 C. こんにゃく

129 A. 家の前に車が止まっています。

「瞬間動詞＋ている」で結果の状態が続いていることを表す。そのほか、動作が続いていること (B)、職業や習慣を表すとき (C) も「～ている」を使う。

130 C. 12月

現在、国民の祝日は16日あるが、6月と12月にはない。

131 B. はつもうで

Aは役者などが初めて舞台に上がること。
Cはその年に初めて見る夢で、ふつう元日または二日に見る夢のこと。

問題 Q

初級

132
夏になると「ミーンミーン」とうるさく鳴く虫は何ですか。

A. かぶとむし
B. とんぼ
C. せみ

133
本州と四国を結ぶ橋（ルート）はいくつあるでしょう。

A. 1つ
B. 3つ
C. 5つ

134
このような文字を何と言いますか。

A. 点字
B. 活字
C. 丸字

135
日本三大中華街といえば、横浜、長崎とどこですか。

A. 千葉
B. 神戸
C. 函館

A 解答と解説

132 C. せみ

A. かぶとむし 　　B. とんぼ

133 B. 3つ

岡山県と香川県を結ぶ瀬戸大橋、兵庫県と徳島県を結ぶ明石海峡大橋・大鳴門橋、広島県と愛媛県を結ぶ瀬戸内しまなみ海道の3つ。

134 A. 点字

視覚に障害がある人のための文字。日本は縦3×横2の6点式。缶ビールなどの酒類、公共のトイレやエレベーター、ATM、電化製品などにも書かれている。

135 B. 神戸

日本三大中華街は「横浜中華街」「神戸南京町中華街」「長崎新地中華街」。中でも横浜中華街は東アジア最大級。

問題 Q

初級

136
このような野菜の切り方は何といいますか。

A. せん切り
B. みじん切り
C. いちょう切り

137
買い物をする時に必ず払う税金は何ですか。

A. 住民税
B. 消費税
C. 所得税

138
日本で一番多い名前は何でしょう。

A. 山本さん
B. 田中さん
C. 佐藤さん

139
本来は食べられる食品が捨てられてしまうことを（　　　）といいます。

A. 食品ロス
B. フードバンク
C. 食品リサイクル

A 解答と解説

初級

136 C. いちょう切り

いちょうの葉の形に似ているから。

A. せんぎり 　　B. みじんぎり

137 B. 消費税

消費税は 1989 年 (平成元年)4 月に 3％で始まった。1997 年に 5％、2014 年に 8％、2019 年 10 月から 10％(飲食料品や新聞は 8％) になった。

138 C. 佐藤さん

「佐藤さん」は日本に約 184 万人いる。次に多いのは「鈴木さん」約 178 万人、その次は「高橋さん」約 139 万人。「田中さん」は約 132 万人で 4 番目、「山本さん」は約 103 万人で 7 番目 (2023 年)。

139 A. 食品ロス

日本の一年間の食品ロスは約 523 万トン (2021 年度)。日本人一人が一年間に約 42 キロの食品を無駄にしているということになる。

次は、日本地図を
見てみよう！

日本の地図

日本で一番

- 高い山 ────────────── 富士山（静岡県・山梨県）　3776m
- 長い川 ────────────── 信濃川（長野県・新潟県）　367㎞
- 大きい湖 ───────────── 琵琶湖（滋賀県）　670.3㎢
- 南にある島 ──────────── 沖ノ鳥島（東京都）
- 長いトンネル ────────── 青函トンネル（青森県・北海道）53.8㎞
- 大きい都府県 ────────── 岩手県　15,275㎢
- 小さい都府県 ────────── 香川県　1,876㎢
- 人口が少ない都道府県 ──── 鳥取県　約54万人（2023年）
- 米の収穫量が多い都道府県 ── 新潟県　約591,700ｔ/年（2023年）
- 真珠の生産量が多い都道府県 ─ 長崎県　約5,200kg/年（2021年）
- ピアノの生産量が多い都道府県 ─ 静岡県　約37,600台/年（2022年）
- 総理大臣出身者が多い都道府県 ─ 山口県　8人（2024年まで）
- 合計特殊出生率が高い都道府県 ─ 沖縄県　1.60人（2023年）

日本の地図

Quiz
中級

日本について
いろいろわかるよ。

Let's go

問題 Q

中級

1 これは何というスポーツですか。

A. 合気道
B. 弓道
C. なぎなた

2 仲が悪いことを表す「A・Bの仲」。
AとBの動物は何ですか。

A. へび・かえる
B. ねこ・ねずみ
C. いぬ・さる

3 USJ（ユニバーサル・スタジオ・ジャパン）は
どこにありますか。

A. 大阪
B. 博多
C. 神戸

4 日本列島にはいくつの島がありますか。

A. 約2000
B. 約6800
C. 約14000

A 解答と解説

中級

1 B. 弓道

A. 合気道
相手の力を利用して相手を制する武道

C. なぎなた
一般に女性の武道

2 C. いぬ・さる

顔を合わせると言い争いをするくらい仲が悪いことを「犬猿の仲」という。

3 A. 大阪

2001年に大阪市で開業。いくつかのエリアに分かれていて、ハリウッド映画や日本アニメのアトラクションやショーが楽しめる。

4 C. 約14000

外周が100メートル以上ある自然の島は14,125ある（2023年発表）。以前は6,852と考えられていたが、測量技術の進歩によって更新された。

問題 Q

中級

5 12月の別の呼び名は何ですか。

A. 卯月(うづき)
B. 長月(ながつき)
C. 師走(しわす)

6 日本で一番長いトンネルはどこにありますか。

A. 青森県と北海道の間
B. 群馬県と新潟県の間
C. 山口県と福岡県の間

7 「青」+「空」が「青空」、「自動車」+「会社」が「自動車会社」のように後ろの語の音が変わることを何といいますか。

A. 活用
B. 連濁
C. 熟語

8 「劇団四季」といえば何ですか。

A. お笑い芸人
B. レストラン
C. ミュージカル

A 解答と解説

中級

5　C. 師走

1月：睦月　　2月：如月　　3月：弥生　　4月：卯月
5月：皐月　　6月：水無月　7月：文月　　8月：葉月
9月：長月　　10月：神無月　11月：霜月　　12月：師走

6　A. 青森県と北海道の間

日本最長は青函トンネルで、全長53.8kmの世界最長の海底トンネル。Bは関越トンネル、Cは関門トンネル。

7　B. 連濁

Aは動詞や形容詞が用法によって形を変えること。
Cは二つ以上の漢字や単語が結合して一語になったもの。

8　C. ミュージカル

1953年創設の劇団で、『ライオンキング』『アナと雪の女王』などの海外物からオリジナル作品までミュージカルの上演で知られる。

問題 Q

中級

9 これを使ってするゲームは何ですか。

A. 花札
B. トランプ
C. 麻雀

10 鯨は何類ですか。

A. 魚類
B. 両生類
C. 哺乳類

11 関西方言で「おおきに」は「ありがとう」、「あかん」は「だめ」という意味ですが、「これ、なんぼ？」はどういう意味でしょう。

A. これ、何？
B. これ、いくら？
C. これ、だれの？

12 ネット上の特定の投稿に対して、多くの人が非難やバッシングを行っている状況のことを（　　　）という。

A. バズる
B. ばえる
C. 炎上する

A 解答と解説

中級

9 A. 花札

花札は桜や松など1月から12月までの季節にちなんだ花や草木をかいた48枚のカードを使って遊ぶ。

10 C. 哺乳類

肺呼吸をし、乳で子供を育てる動物。イルカ、アシカも哺乳類。
Bはカエルなど、子供の時は水中でえら呼吸をし、大人になったら肺呼吸をする生物。

11 B. これ、いくら?

「なんぼ」とは「なにほど」が変わった言葉で、「いくら」「どのぐらい」の意味。ちなみに「いくらでも食べられる」は「なんぼでも食べられる」。

12 C. 炎上する

燃え広がるという意味から。
Aはインターネット上で爆発的に注目を集めるという意味、
Bは撮った写真が見栄えがするという意味で使われる。

問題 Q

中級

13 日本で一般的に使われている漢字は約何字ですか。

A. 約 1000 字
B. 約 2000 字
C. 約 10000 字

14 新海誠の作品でないものはどれですか。

A. バケモノの子
B. 天気の子
C. すずめの戸締まり

15 四字熟語です。「以(　　　)伝(　　　)」

A. 体・力
B. 心・心
C. 頭・意

16 桜島・黒豚・西郷隆盛で知られる県といえばどこですか。

A. 鹿児島県
B. 高知県
C. 秋田県

A 解答と解説

中級

13　B. 約2000字

1981年に1945字を選定した「常用漢字表」が内閣告示され、その後2010年に2136字に改定された。

14　A. バケモノの子

『バケモノの子』は細田守監督のアニメーション映画。新海誠は『君の名は。』『天気の子』『すずめの戸締まり』などで知られるアニメ監督。

15　B. 心・心

言葉を使わず思うことが互いの心から心に伝わることを「以心伝心」という。もともとは仏教の言葉。

16　A. 鹿児島県

鹿児島県は九州の南部の県。鹿児島湾内にある桜島は活火山島でしばしば噴火する。かごしま黒豚は品質の良さで有名。西郷隆盛は幕末・明治維新期に活躍した。

問題 Q

中級

17 『残酷な天使のテーゼ』は何というアニメの主題歌ですか。

- A. 機動戦士ガンダム
- B. ワンピース
- C. 新世紀エヴァンゲリオン

18 慣用句です。「息子は夏休みの旅行が楽しみで、（　　　）を長くして待っている。」

- A. 目
- B. 手
- C. 首

19 「イクラ」は何の卵ですか。

- A. さけ
- B. かえる
- C. あひる

20 仕事中、急用ができました。上司に何と言いますか。

- A. 今日は早く帰られていただけませんか。
- B. 今日は早く帰っていただけませんか。
- C. 今日は早く帰らせていただけませんか。

A 解答と解説

中級

17 C. 新世紀エヴァンゲリオン

1995年リリースで高橋洋子が歌う現在も人気の高いアニソン。アニメの世界観を象徴する曲として、アニメとともに大ヒットした。

18 C. 首

「首を長くする」とは今か今かと期待して待っている様子。
例：母は息子が留学先から帰ってくるのを首を長くして待っている。

19 A. さけ

イクラは鮭やマスの卵をバラバラにして、塩漬けや醤油漬けにしたもの。ロシア語のikra（икра 魚の卵）が語源。9月〜10月が旬で、北海道産のものが有名。

20 C. 今日は早く帰らせていただけませんか。

「帰らせていただけませんか」は自分が帰る許可を相手に求める丁寧な言い方。Aは日本語として成り立たない。Bは相手が帰る人になる。

問題 Q

中級

21 ナノメートル（nm）は1メートルの何分の1ですか。

A. 1000分の1
B. 100万分の1
C. 10億分の1

22 漫才でまぬけなことを言う役を（　　　）、それを指摘する役を「つっこみ」といいます。

A. ぼけ
B. おち
C. つかみ

23 台風の中心を何といいますか。

A. 台風の口
B. 台風の目
C. 台風のへそ

24 食事が満足に食べられない子どものための食堂を（　　　）という。

A. ふれあい食堂
B. サポート食堂
C. こども食堂

A 解答と解説

21) C. 10億分の1

ナノメートルは1メートルの10億分の1(10^{-9})。1メートルの100万分の1(10^{-6})は「マイクロメートル(μm)」、1000分の1(10^{-3})は「ミリメートル(mm)」。

22) A. ぼけ

漫才は「ぼけ」と「つっこみ」で話を進めていく。
Bは落語などの効果的な話の終わらせ方。
Cは話の最初に相手の気持ちをひきつけるもの。

23) B. 台風の目

台風の中心付近は風が弱く晴れていることが多い。台風の目は直径10〜100kmぐらいであるが、100km以上になることもある。

24) C. こども食堂

経済的に困っている家庭の子どもやその親が無料または低額で食事ができる。自治体やNPOが運営し、地域の人とのつながりの場でもある。

25. 剣道で使うこの道具を何といいますか。

A. 竹刀
B. 木刀
C. 日本刀

26. 1,000,000,000,000 円はいくらですか。

A. 1 億円
B. 1 兆円
C. 1 京円

27. お寿司の「トロ」「鉄火」は何の魚のことですか。

A. たい
B. かつお
C. まぐろ

28. 日本では裁判を受ける人の人権保護のために、同じ事件について裁判を（　　　）回まで受けられます。

A. 2
B. 3
C. 5

A 解答と解説

25 A. 竹刀

剣術や剣道の練習のために、日本刀のかわりに竹で作られた代替品。

26 B. 1兆円

100,000,000円は1億円、その1万倍は1兆円。1兆円の1万倍は1京円という。

27 C. まぐろ

まぐろの肉の脂肪が多い部分を「トロ」、真ん中にまぐろを入れた巻きずしを「鉄火巻き」という。

28 B. 3

三審制という。2度目の裁判を求めることを控訴、3度目の裁判を求めることを上告という。

問題 Q

中級

29 ウイルスなどの感染症に対する免疫を体の中に作る薬を何といいますか。

- A. カルテ
- B. ワクチン
- C. レントゲン

30 最も遅く生えてくる一番奥の歯を何といいますか。

- A. 犬歯
- B. 八重歯
- C. 親知らず

31 広島のおみやげはどれですか。

- A. 赤福
- B. 鳩サブレー
- C. もみじまんじゅう

32 正しいのはどちらですか。

- A. 熱がありますから、今日は休みます。
- B. 熱があるんですから、今日は休みます。

A 解答と解説

29 B. ワクチン

Vakzin(=vaccine)。日本語の医療用語はドイツ語由来が多い。Aは Karte(医師が書く患者の病状の記録)、Cは Röntgen(=X-ray)。

30 C. 親知らず

10代後半から20代前半の親が知らないときに生えることから「親知らず」という。Aは上下左右に一本ずつあるとがった歯。Bは他の歯からずれて重なるように生える歯。

31 C. もみじまんじゅう

もみじの形の焼きまんじゅうで、厳島神社のある宮島が有名。Aは三重県伊勢市の名物でもちをこし餡でくるんだもの。Bは神奈川県鎌倉市の名物。

32 A. 熱がありますから、今日は休みます。

B「〜んですから」は話し手と聞き手がその理由の共通認識があり、聞き手に働きかける場合にしか使えない。「あなたは熱があるんですから、今日は休んでください」のように使う。

問題 Q

中級

33 ポケモンの(　　　)が進化すると、ピカチュウになります。

- A. ピィ
- B. ピチュー
- C. ライチュウ

34 ひらがなの「あ」のもとになった漢字は「安」、「な」は「奈」。では、「て」のもとの漢字は何でしょう。

- A. 丁
- B. 手
- C. 天

35 内閣総理大臣は別の呼び方で何といいますか。

- A. 主席
- B. 首相
- C. 大統領

36 日本三大祭りの一つである「神田祭」はどこのお祭りですか。

- A. 京都
- B. 大阪
- C. 東京

A 解答と解説

中級

33 B. ピチュー

ピカチュウは電気をためこむ袋を持つねずみのポケモンで、シリーズを象徴（しょうちょう）するキャラクター。

ピチュー → ピカチュウ → ライチュウと進化する。

34 C. 天

平安時代（へいあんじだい）にひらがな、カタカナが作られた。ひらがなは漢字をくずしたもの。「計」→け、「不」→ふ など。カタカナは漢字の一部を使って作られた。「伊」→イ、「牟」→ムなど。

35 B. 首相（しゅしょう）

内閣総理大臣（ないかくそうりだいじん）の通称（つうしょう）で法令上（ほうれいじょう）では定（さだ）められていない。

36 C. 東京（とうきょう）

5月15日前後に行われる東京神田明神（とうきょうかんだみょうじん）の祭礼（さいれい）。日本三大祭りは他に京都（きょうと）の「祇園祭（ぎおんまつり）」（7月1日〜31日。ハイライトは7月17日〜24日の山鉾巡行（やまぼこじゅんこう））と大阪（おおさか）の「天神祭（てんじんまつり）」（7月24・25日）。

問題 Q

中級

37 人員削減のために従業員を解雇することを何といいますか。

A. リスケ
B. リストラ
C. トップダウン

38 着物を着る時にはく靴下のようなものは何ですか。

A. たび
B. おび
C. はかま

39 目上の人が座る席を上座といいます。この部屋の中で最も目上の人が座る席はどこですか。

A.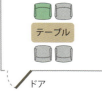

B.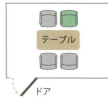

C.

A 解答と解説

37 B. リストラ

restructuring の略語で人員整理の意味。
A は reschedule の略語でスケジュール変更の意味。
C は top-down。

38 A. たび

ぞうりや下駄がはけるように先が二つにわかれている。

B. おび 　　C. はかま

39 B.

目上の人の座る席を「上座」といい、目下の人が座る席を「下座」という。基本的には出入口から遠いところが上座で、出入口に近いところが下座になる。ただし、窓や絵画の有無、和室か洋室か、テーブルの形や人数によっても位置が変わる。また、自動車や新幹線の座席、エレベーターの中の立ち位置にも上座下座がある。

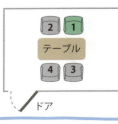

このような部屋の場合の上座から下座の順番

問　題　Q

中級

40 日本で年末によく演奏されるベートーヴェンの交響曲は何ですか。

A. 第三
B. 第五
C. 第九

41 遠くからただ眺めて憧れるだけで、自分のものにはできないものを何といいますか。

A. 花より団子
B. 高嶺の花
C. 絵に描いた餅

42 日本で一番長い川はどれですか。

A. 信濃川
B. 利根川
C. 四万十川

43 「きゃ」「ちゅ」「ひょ」のように、「や」「ゆ」「よ」を小さく書いて表す音を何といいますか。

A. 促音
B. 撥音
C. 拗音

107

A 解答と解説

中級

40 C. 第九

交響曲第九番「合唱」は第九と呼ばれ、その第四楽章は「歓喜の歌」として親しまれている。
交響曲第三番は「英雄」、交響曲第五番は「運命」。

41 B. 高嶺の花

「しょせん彼女は高嶺の花だ。つきあえるわけがない」のように使う。「絵に描いた餅」は実際の役に立たないもの、「花より団子」は風流より実利を重んじること。

42 A. 信濃川

長野県から新潟県を通り、日本海に至る川(全長367km)。
長野県では千曲川と呼ばれる。

43 C. 拗音

Aは「行った」「きって」などの「っ」の音。
Bは「飛んで」の「ん」の音。

問 題 Q

中級

44 コンサート会場に利用される五大ドームとは、東京ドーム、京セラドーム大阪、バンテリンドームナゴヤ、みずほPayPay福岡ドーム、(　　　)です。

　　A. 札幌ドーム
　　B. 仙台ドーム
　　C. 神戸ドーム

45 飲食や物の代金を、それぞれが均等に支払うことを何と言いますか。

　　A. わりまし
　　B. わりかん
　　C. わりびき

46 「かっぱ巻き」は(　　　)を巻いたお寿司です。

　　A. うなぎ
　　B. きゅうり
　　C. たくあん

47 沖縄の楽器「三線」に使われているのは何の皮でしょう。

　　A. ねこ
　　B. ぶた
　　C. へび

A 解答と解説

44　A. 札幌ドーム

ドームは主に野球場だが、コンサート会場としても使用される。収容人数3万〜5万人で、ドームでのコンサートはアーティストにとっての到達点の一つとされる。

45　B. わりかん

代金を人数で割って、それぞれが均等に支払うこと。
Aは決まった金額にいくらか加えること。Cはその逆で、決まった金額からいくらか引くこと。

46　B. きゅうり

河童は水界にすむとされる妖怪。きゅうりは河童の好物とされることから、きゅうりを芯に巻いた海苔巻きをかっぱ巻きという。

47　C. へび

三線は中国を起源とする沖縄・奄美地方の弦楽器。本土に渡って三味線のもとになったが、三味線は猫や犬の皮を使っている。

問　題　Q

中級

48 『ドレミの歌』です。ドはドーナツのド、レはレモンのレ。では、ミは何のミでしょう。

A. みんな
B. みらい
C. みかん

49 「献血」とは何をすることですか。

A. 血を詳しく調べる
B. 血を病院に売る
C. 血を無償で提供する

50 「朝飯前」とはどういう意味ですか。

A. かんたん
B. いそがしい
C. おなかがすいた

51 役所を退職した人が、関係する会社や法人の重役になることを（　　　）といいます。

A. 川下り
B. 天下り
C. 滝下り

A 解答と解説

中級

48 A. みんな

世界中で歌われている『ドレミの歌』。
日本語では、ファはファイト、ソは空、ラはラッパ、シは幸せ。

49 C. 血を無償で提供する

病気の治療や手術などで輸血が必要な人のために、健康な人が自分の血液を無償で提供すること。日本赤十字社が業務を行っており、日本では16歳から献血ができる。

50 A. かんたん

朝食を食べる前の力の出ない時でもできるぐらい簡単だという意味。
例：このテーブルを運ぶくらい朝飯前だよ。

51 B. 天下り

「天下り」とは、もとは天上の神の世界から地上の人間の世界に下るという意味。特に中央省庁の官僚が定年より前に退職し、関連企業や法人に再就職することをいう。

問題 Q

中級

52
歌声合成ソフトを使って作られた楽曲を（　　　）曲といいます。

A. アバター
B. アカペラ
C. ボカロ

53
一年が366日ある年を何といいますか。

A. 数え年
B. 厄年
C. うるう年

54
水玉のかぼちゃなどの彫刻や絵画で知られる芸術家はだれですか。

A. 岡本太郎
B. 草間彌生
C. 横尾忠則

55
「上りの新幹線」はどこへ行く新幹線ですか。

A. 東京へ行く新幹線
B. 高いところへ行く新幹線
C. 北の方へ行く新幹線

A 解答と解説

52) C. ボカロ

ヤマハが開発した音声合成技術「VOCALOID」を使って作られた曲。初音ミクの登場をきっかけに、一気に広まった。

53) C. うるう年

4年に1回、2月29日がある。Aは生まれた年を1歳として数える年齢。Bは災難に遭うことが多く注意すべき年齢のことで、その中でも「大厄」(男性42歳、女性33歳)は特に注意が必要。

54) B. 草間彌生

草間彌生(1929-)の作品は水玉や網目が多用されているのが特徴。Aは1970年の大阪万博で《太陽の塔》を制作。

Cはグラフィックデザイナー。

【P113写真】作家名:草間彌生 作品名:《かぼちゃ》 制作年:1999年 所蔵:松本市美術館 ©YAYOI KUSAMA

55) A. 東京へ行く新幹線

鉄道や道路では「起点」と「終点」が決められている。「上り列車」とは終点から起点方面へ行く列車、「下り列車」はその逆。新幹線では東京方面へ行く列車が「上り」である。

問 題 Q

中級

56 江戸時代の終わりまで約700年続いた武家政権。その始まりは何時代ですか。

A. 平安時代
B. 鎌倉時代
C. 室町時代

57 憲法第9条は何について述べていますか。

A. 国民主権
B. 戦争放棄
C. 基本的人権

58 ほんのわずかな違いしかないことを何といいますか。

A. 一か八か
B. 千載一遇
C. 紙一重

59 『うっせぇわ』『新時代』などで人気のある歌手は誰ですか。

A. Ado
B. yama
C. Aimer

A 解答と解説

中級

56) B. 鎌倉時代

武家政権は12世紀末の鎌倉幕府の樹立から1867年の江戸幕府滅亡までの約700年間続いた。その前の平安時代は貴族が政治の実権を握っていた。

57) B. 戦争放棄

日本国憲法は第二次世界大戦後に、平和と民主主義への願いを込めて作られた。A「国民主権」は憲法の前文と第1条、C「基本的人権」は憲法第11条に書かれている。

58) C. 紙一重

紙一枚の厚さほどの違いしかないこと。
Aは運を天に任せてやってみること。
Bは千年に一度しかめぐりあえないようなまたとないチャンス。

59) A. Ado

2020年末ごろからTikTok、YouTubeなどで爆発的な人気が出た歌手。『新時代』はアニメ映画『ONE PIECE FILM RED』の主題歌。

問題 Q

中級

60 日本で「バブル景気(けいき)」と呼ばれたのはいつ頃ですか。

A. 1950年代後半〜1970年代前半
B. 1980年代後半〜1990年代初頭
C. 2000年代前半〜2010年代後半

61 NHKで1年間かけて日曜日に放送されている歴史ドラマを何といいますか。

A. 日曜劇場(にちようげきじょう)
B. 大河(たいが)ドラマ
C. 歴史探偵(れきしたんてい)

62 コーラを飲んだ後、(　　　)が出ます。

A. しゃっくり
B. あくび
C. げっぷ

63 高齢者(こうれいしゃ)や障害(しょうがい)を持っている人のために、生活上の支障(ししょう)がないような建物や設備をつくることを何といいますか。

A. バリアフリー
B. ダイバーシティ
C. サステナブル

A 解答と解説

中級

60 B. 1980年代後半～1990年代初頭

株式や地価が高騰し、消費ブームが起こった。バブル崩壊後、経済が低迷し「失われた30年」と呼ばれる。Aは「高度経済成長期」と呼ばれ、年平均10%前後で経済が成長した。

61 B. 大河ドラマ

1963年から始まった。第一回は幕末を舞台に井伊直弼を描いた『花の生涯』。日本のドラマの代表格として、メディアに取りあげられることも多い。

62 C. げっぷ

A. しゃっくり

B. あくび

63 A. バリアフリー（barrier free）

最近は物理的なバリアだけでなく、社会的・制度的・心理的なバリアを取り除くことも含む。
Bは多様性（diversity）、Cは持続可能であること（sustainable）。

問 題 Q

中級

64 郵便物に書いてある「親展」とはどういう意味ですか。

A. 親だけが開けていい
B. 丁寧に開けなければならない
C. 宛名の人だけが開けていい

65 内閣を組織し、政権を担当している党を何といいますか。

A. 与党
B. 甘党
C. 野党

66 「駅伝」は長距離をリレー形式で走る競技ですが、交代の時、次の選手に手渡すものはどれですか。

A. バトン

B. たすき

C. はちまき

A 解答と解説

64　C. 宛名の人だけが開けていい

「親」はみずから、「展」はひろげるという意味で、手紙を宛名の本人が開封することを求めるという意味になる。

65　A. 与党

Bは甘いものが好きな人。Cは政権を担当していない党。

66　B. たすき

走る時は肩から斜めにかける。
駅伝といえば、1月2日、3日の東京箱根間往復大学駅伝が有名。
1チーム10人で往復217.1kmを走り、多くの人が声援を送る。

67
商売繁盛を願って、お店などに何の置物を飾りますか。

A. ねこ
B. へび
C. 金魚

68
参議院議員の任期は6年ですが、衆議院議員の任期は何年ですか。

A. 2年
B. 4年
C. 6年

69
江戸時代を舞台に男女の立場が逆転した世界を描いた漫画は何ですか。

A. JIN-仁-
B. 天地明察
C. 大奥

70
米津玄師の曲はどれですか。

A. 夜に駆ける
B. 白日
C. Lemon

A 解答と解説

67 A. ねこ

「招き猫」という。客や財宝を招く縁起物として飾る。

68 B. 4年

国会は衆議院と参議院からなる。衆議院は参議院より優越した地位にあるが、国民の民意を反映させるため任期中に解散されることもある。

69 C. 大奥

よしながふみ作の人気漫画でテレビドラマ化、映画化もされている。大奥とは江戸城で将軍の夫人たちが住んでいたところ。漫画の中では女性将軍に仕える男性たちが暮らしている。

70 C. Lemon

2018年のドラマ『アンナチュラル』の主題歌で、大ヒットを記録した。AはYOASOBI、BはKing Gnuの曲。

71

慣用句です。
「あのチームは強すぎて、（　　　）が立たない」

A. 手
B. 歯
C. 頭

72

この書体は何といいますか。

A. 楷書
B. 行書
C. 草書

73

書類を書き間違えたとき訂正の正しい仕方はどれでしょう。

A. 赤ペンで書き直す
B. 黒く塗って書き直す
C. 二重線を引いて書き直す

74

日本国憲法の基本原則は、国民主権、平和主義、（　　　）の三つです。

A. 政教分離
B. 議院内閣制
C. 基本的人権の尊重

A 解答と解説

71 B. 歯

力の差が大きすぎて対抗できないことを「歯が立たない」という。

72 A. 楷書

文字を崩す程度によって行書、草書と呼ぶ。

A. 楷書　B. 行書　C. 草書

書　書　書

73 C. 二重線を引いて書き直す

間違えたところの上に二本の線を引いて書き直す。修正テープや修正液を使ってはいけない。また、書類を書く場合は消せるボールペンを使用しない。

74 C. 基本的人権の尊重

基本的人権とは、すべての人が生まれながらに持っている人間としての基本的な権利。自由権、平等権、社会権、請求権、参政権にわけられ、日本国憲法第11条に定められている。

問題 Q

中級

75 星がたくさん集まって、夜空に川のように見えるものを何と呼びますか。

A. あまのがわ
B. しなのがわ
C. よしのがわ

76 選挙の立候補者が、当選した時に墨で目をかくものは何ですか。

A. たこ
B. だるま
C. りゅう

77 日本でつくられた漢字はどれですか。

A. 習
B. 遊
C. 働

78 法隆寺、四天王寺を建立したのは誰ですか。

A. 空海
B. 聖徳太子
C. 聖武天皇

A 解答と解説

中級

75　A. あまのがわ（天の川）

銀河ともいう。彦星（牽牛星）と織姫（織女星）が7月7日にこの川を渡って会うという中国の言い伝えがある。

76　B. だるま

禅宗の始祖達磨大師が坐禅する姿をまねて作ったもの。願いごとがかなった時に目玉を描きいれる慣習がある。

77　C. 働

漢字は中国から伝わって来たが、日本でつくられた漢字を「国字」という。峠、畑、榊、凩など。

78　B. 聖徳太子

聖徳太子(574-622)は推古天皇の時代に摂政として政治を行い、仏教を保護した。Aは平安時代の僧で高野山金剛峯寺を建立。Cは奈良時代に東大寺を建て大仏を安置した。

問題 Q

中級

79 宇宙関連の開発や研究をしている機関はどれですか。

A. JICA
B. JAXA
C. JASSO

80 一方的な恋愛感情や異常な関心などから特定の人につきまとったり迷惑をかけたりする人のことを何といいますか。

A. カスタマー
B. クレーマー
C. ストーカー

81 これは何ですか。

A. れんげ
B. しゃもじ
C. おたまじゃくし

82 「板前」というのはどんな職業ですか。

A. 大工
B. 音楽家
C. 調理師

A 解答と解説

中級

79 B. JAXA（ジャクサ）

宇宙航空研究開発機構：Japan Aerospace Exploration Agency
Aは国際協力機構：Japan International Cooperation Agency
Cは日本学生支援機構：Japan Student Services Organization

80 C. ストーカー

1990年代後半から社会問題化し、2000年には「ストーカー規制法」が成立した。Aは顧客、Bは理不尽な苦情を言ってくる人のこと。

81 B. しゃもじ

A. れんげ　　C. おたまじゃくし

82 C. 調理師

調理のまな板を置くところを板場といい、そこで働く日本料理の料理人を「板前」という。

問題 Q

83 サッカーと野球とバレーボールの1チームの人数を合わせると何人になりますか。

A. 24人
B. 26人
C. 28人

84 何か事件が起こったときに、関係がないのに面白半分に見に行く人を何といいますか。

A. やじうま
B. やじいぬ
C. やじさる

85 「市松模様」はどれですか。

A 解答と解説

83 B. 26人

サッカー（11人）＋野球（9人）＋バレーボール（6人）＝26人

84 A. やじうま

火事や事故などの現場に興味だけで集まったりして、自分とは関係のないことに面白半分に騒ぐ人のことをいう。「野次馬」と書く。

85 B.

江戸中期の歌舞伎役者佐野川市松がこの模様の袴を舞台で着たことに由来する。

A. 唐草模様

C. 麻の葉模様

問題 Q

86 世界遺産にも登録されているル・コルビュジエが設計した国立西洋美術館はどこにありますか。

A. 六本木
B. 青山
C. 上野

©国立西洋美術館

87 世界保健機関の略称は何ですか。

A. UN
B. WHO
C. OECD

88 1913年にできた兵庫県にある女性だけの劇団を何といいますか。

A. 宝塚歌劇団
B. 神戸歌劇団
C. 松竹歌劇団

89 天下統一目前に織田信長が襲われ命を絶った寺はどこですか。

A. 中尊寺
B. 浅草寺
C. 本能寺

A 解答と解説

86 C. 上野

有名な建築家による美術館としては、六本木にある国立新美術館(黒川紀章の設計)や、青山にある根津美術館(隈研吾の設計)などがある。

国立西洋美術館　URL https://www.nmwa.go.jp/
所在地:〒110-0007 東京都台東区上野公園7-7／開館時間:9:30〜17:30 金・土曜日 9:30〜20:00
※入館は閉館の30分前まで／休館日:月曜日(祝休日の場合は開館し、翌平日休館)、年末年始

87 B. WHO

World Health Organization の略。
A は国際連合 United Nations、C は経済協力開発機構 Organization for Economic Co-operation and Development。

88 A. 宝塚歌劇団

阪急電鉄の事業として創設されたレビューやミュージカルを行う劇団。花・月・雪・星・宙組で構成されている。

89 C. 本能寺

織田信長は、1582年家臣の明智光秀の裏切りにより本能寺(京都)にて自害した。これを「本能寺の変」という。

問題 Q

中級

90 音楽、動画、家電、自動車、衣服などを一定期間定額で好きなだけ利用できるサービスを何といいますか。

- A. リース
- B. サブスク
- C. レンタル

91 誰からも良く思われるように要領よく人とつき合う人を何といいますか。

- A. あまのじゃく
- B. 八方美人
- C. お調子者

92 国際宇宙ステーション (ISS) が地球を1周するのにかかる時間はどのぐらいですか。

- A. 約1時間半
- B. 約3時間
- C. 約5時間

93 風邪を引かないように、帰宅後すぐ手洗いと（　　　）をしましょう。

- A. いびき
- B. おなら
- C. うがい

A 解答と解説

90 B. サブスク

サブスクリプション (subscription) サービス。日本ではサブスクということが多い。

91 B. 八方美人

「八方美人」は批判的な意味で使われる。Aはわざと人に逆らう言動をする人、Cはおだてられて得意になってふざける人のこと。

92 A. 約1時間半

ISSは幅約108.5 m、長さ約72.8 m。地上約400kmの上空を秒速約7.7kmで飛んでいる。約90分で地球を1周し、1日に約16周する。

93 C. うがい

A. いびき

B. おなら

問題 Q

中級

94 日本でもっとも多く恐竜の化石が見つかっているのはどこですか。

　　A. 北海道
　　B. 長崎県
　　C. 福井県

95 JR東日本が発行しているICカードの名前を何と言いますか。

　　A. ICOCA（イコカ）
　　B. Suica（スイカ）
　　C. SUGOCA（スゴカ）

96 職場などでその立場を利用してするハラスメントを何といいますか。

　　A. パワハラ
　　B. アカハラ
　　C. マタハラ

97 学生は何と言えばいいですか。
　　先生：あれ？チンさんは今日休みですか。
　　学生：今日は来ないと思います。「　　　　　」

　　A. 昨日、病院に行くと言いましたから。
　　B. 昨日、病院に行くと言っていましたから。

A 解答と解説

中級

94　C. 福井県

フクイサウルスやフクイラプトルなど福井県で初めて発見された恐竜もいる。県立の恐竜博物館があり多くの恐竜ファンが訪れる。

95　B. Suica(スイカ)

「すいすい行けるICカード」として導入された。Super urban intelligent card の略。AはJR西日本のカードで関西方言の「行こか(行こうか)」、CはJR九州のカードで九州肥筑方言「すごか(すごい)」にかけた名称。

96　A. パワハラ

パワーハラスメント(power harassment)の略。相手の嫌がることをして不快感や不利益を与えることをハラスメントという。
Bはアカデミックハラスメント(academic harassment)。
Cはマタニティーハラスメント(maternity harassment)。

97　B. 昨日、病院に行くと言っていましたから。

他の人から聞いたことを別の人に伝える場合には「〜と言っていました」を使う。

問題 Q

中級

98 『魔女の宅急便』でキキがおソノさんと初めて出会った時に届けるように頼まれた物は何ですか。

A. パン
B. おしゃぶり
C. おもちゃ

99 機嫌が悪いことを表す慣用句です。
「(　　　)の居所が悪い」

A. 虫
B. 星
C. 鬼

100 日本の2022年の食料自給率（カロリーベース）はどのぐらいでしょう。

A. 38%
B. 47%
C. 63%

101 昔話『桃太郎』で、桃太郎がきび団子をやって家来にした動物は、犬ときじと何でしょう。

A. 熊
B. 猿
C. 虎

A 解答と解説

98 B. おしゃぶり

パン屋のおソノさんはお客が赤ちゃんのおしゃぶりを忘れて帰ったので困っていた。キキがほうきで飛んで届けに行ったのが縁で、二人は親しくなった。

99 A. 虫

「虫」は人間の体内にあって、気分や感情などを左右すると考えられるもの。怒りが消えないことを「(腹の)虫が治まらない」、なんとなく予感がすることを「虫が知らせる」という。

100 A. 38%

諸外国に比べ、日本は低い。各国の食料自給率(カロリーベース)は、カナダ221%、アメリカ115%、フランス117%、ドイツ84%、イギリス54%(2020年調査)

101 B. 猿

桃から生まれた桃太郎は、犬、猿、きじを家来にして、鬼ヶ島へ行き、鬼を退治した。

問題 Q

102 最上のものから最低のものまであるということを「ピンから（　　　）まである」といいます。

　　A. チョウ
　　B. キリ
　　C. スッポン

103 『ハイキュー!!』の主人公日向翔陽（ひなたしょうよう）の高校の名前は何ですか。

　　A. 烏野高校（からすの）
　　B. 鳥野高校（とりの）
　　C. 鳩野高校（はとの）

104 暦（こよみ）の「友引（ともびき）」の日に、しないほうがいいとされていることは何でしょう。

　　A. 入社式
　　B. 結婚式
　　C. 葬式（そうしき）

105 日本の気象衛星（きしょうえいせい）の名前は何ですか。

　　A. ひまわり
　　B. たんぽぽ
　　C. あさがお

A 解答と解説

中級

102　B. キリ

「ピン」はポルトガル語の pinta（点）でさいころなどの 1 を表すことから最上のもの、「キリ」は cruz（十字架）で 10 を表し、最低のものという意味になった。

例：ワインといってもピンからキリまである。

103　A. 烏野高校

日向翔陽はバレーの「小さな巨人」に魅了され、烏野高校に入部する。日向は選手としては背も高くなく、技術力もなかったが、持ち前の運動神経で実力を伸ばしていく。

104　C. 葬式

「友引」は吉凶判断をする六曜の中の一つで、友を引くと言われ葬式を避ける。六曜には万事に良いとされる「大安」や、凶とされる「仏滅」などがある。

105　A. ひまわり

初代ひまわりの打ち上げは 1977 年。最新の衛星は 2022 年に本運用を開始した 9 号（2023 年現在）。

問題 Q

中級

106 見込みがないと思って、あきらめてしまうことを「（　　　）を投げる」といいます。

A. てぶくろ
B. ハンカチ
C. さじ

107 沖縄県にあるアメリカ軍基地は、沖縄本島の面積のどのぐらいを占めていますか。

A. 約 8 %
B. 約 15 %
C. 約 45 %

108 秋田県の伝統行事で「泣く子はいないか」と言って家々を訪ねていく「なまはげ」はどれですか。

A.

B.

C.

A 解答と解説

106 C. さじ

医者が薬の調合のための匙をあきらめて投げ出してしまうという意味から。

107 B. 約15%

沖縄県は日本の国土面積の約0.6%に過ぎないが、全国のアメリカ軍（米軍）専用施設面積の約70%の施設が集中している。

108 A.

「なまはげ」は来訪神の年越しの行事。変装した若者が子供を脅し、家の主人に酒や餅でもてなされて祝福して去る。

B. 座敷わらし

家に住む子どもの妖怪

C. アマビエ

疫病封じの妖怪

問題 Q

中級

109 日本人の心を歌うとされる「演歌」というジャンルができたのはいつ頃でしょうか。

A. 1900年頃
B. 1960年頃
C. 2000年頃

110 試験や締め切りの直前の一晩で勉強したり仕事を片づけたりすることを何といいますか。

A. 浅漬け
B. 一夜漬け
C. 古漬け

111 江戸時代に、結婚した女性が歯を黒く染める習慣を何といいますか。

A. いれずみ
B. くまどり
C. おはぐろ

112 武士の時代に活躍した忍者で有名なのは、「伊賀忍者」と「（　　　）忍者」です。

A. 加賀
B. 甲賀
C. 佐賀

A 解答と解説

109 B. 1960年頃

人生の哀歓や恋情などを日本的メロディーとこぶしのきいた歌い方で歌うのが特色。

110 B. 一夜漬け

一晩だけ漬けて次の日に食べる漬物のことだが、急に準備して間に合わせた仕事や勉強にも使う。

111 C. おはぐろ

古くは上流の女性の間で行われ、平安時代は貴族の男子も行った。Aはタトゥー。Bは歌舞伎で役柄の性格などに合わせて顔に描いた模様。

112 B. 甲賀

「甲賀忍者」は現在の滋賀県甲賀市、「伊賀忍者」は三重県伊賀市や名張市に拠点のあった忍者。忍者は「しのび」と言われた。服部半蔵は伊賀者を統率し徳川家康に仕えたことで有名。

問題 Q

113
ことわざです。「弘法にも（　　　）の誤り」

A. 筆
B. 舌
C. 耳

114
いわゆる「さ入れ言葉」はどれですか。

A. 話させていただきます
B. 読まさせていただきます
C. 食べさせていただきます

115
農民階級出身の武士は誰でしょう。

A. 織田信長
B. 豊臣秀吉
C. 徳川家康

116
10円玉に刻まれている建物は何ですか。

A. 平等院鳳凰堂
B. 守礼門
C. 東京駅丸の内駅舎

A 解答と解説

中級

113) A. 筆

弘法は弘法大師(空海ともいう。平安時代の僧で書道の達人)のこと。弘法大師でさえも書き間違えることがある、どんな名人でも失敗することがあるということわざ。

114) B. 読まさせていただきます

「読ませる」「行かせる」などIグループ(五段)動詞の使役形の「せる」の前に余計な「さ」を入れてしまうこと。「させていただく」を決まった語のように使うことで誤用が生まれたと言われている。

115) B. 豊臣秀吉

豊臣秀吉(1537-1598)は尾張(愛知県)の農民から成り上がり、織田信長の後に天下を統一し大坂城を築いた。AとCは武士の出身。

116) A. 平等院鳳凰堂

1053年に藤原頼通が建造した平等院にある阿弥陀堂(京都府宇治市)。Bは首里城跡(沖縄県那覇市)の門で2千円札に、Cは1万円札(2024年7月以降に発行のもの)に描かれている。

問題 Q

中級

117 高校野球の全国大会が行われるのは、どの球場ですか。
- A. 甲子園球場
- B. 東京ドーム
- C. 神宮球場

118 ひらがなはいつごろできましたか。
- A. 奈良時代
- B. 平安時代
- C. 鎌倉時代

119 『死ぬのがいいわ』がSNSで世界的にヒットしたシンガーソングライターは誰ですか。
- A. Vaundy
- B. 優里
- C. 藤井風

120 日本のある地域で昔から食べられているこの虫は何ですか。
- A. はち
- B. いなご
- C. ざざむし

A 解答と解説

中級

117 A. 甲子園球場

高校野球の全国大会は1年に2回、春と夏に甲子園で行われる。Aは阪神タイガース、Bは読売ジャイアンツ(巨人)、Cは東京ヤクルトスワローズのホームグラウンド。

118 B. 平安時代

昔は日本語の音を表すのに漢字を使っていた。その漢字をくずして作ったのがひらがなで、漢字の一部を取って作ったのがカタカナである。

119 C. 藤井風

タイでTikTok利用者が投稿した『死ぬのがいいわ』の動画をきっかけに、アジアをはじめ世界で広く知られるようになった。

120 B. いなご

佃煮にして食べる。はちの幼虫やさなぎである「はちのこ」や、川に棲む「ざざむし」なども同様にして食べられる。

問　題　Q

中級

121 『天空の城ラピュタ』で使われている滅びの言葉は何ですか。

- A. ルーラ
- B. バルス
- C. アバダ・ケタブラ

122 金のしゃちほこ・熱田神宮・味噌カツといえば、どこですか。

- A. 博多
- B. 金沢
- C. 名古屋

123 これは何ですか。

- A. しゅりけん
- B. かざぐるま
- C. ふうしゃ

124 干支の「ねずみ」の漢字はどれですか。

- A. 子
- B. 午
- C. 申

A 解答と解説

121 B. バルス

ラピュタ語で「閉じよ」という意味。
Aは『ドラゴンクエスト』シリーズの瞬間移動の呪文。
Cは『ハリー・ポッター』シリーズの死の呪文。

122 C. 名古屋

「しゃちほこ」とは想像上の海獣の形をした飾り物で、名古屋城のシンボル。熱田神宮は名古屋市にある神社で神体は草薙剣。味噌カツは甘い味噌のタレをかけたとんかつ。

123 B. かざぐるま（風車）

風が吹くと紙などで作った羽がくるくると回る子供のおもちゃ。

A．手裏剣
忍者が使う武器

C．風車

124 A. 子

干支は特別な漢字で書く。
子（鼠）、丑（牛）、寅（虎）、卯（兎）、辰（竜）、巳（蛇）
午（馬）、未（羊）、申（猿）、酉（鶏）、戌（犬）、亥（猪）

問題 Q

125 茶道ではお茶を飲む前に、茶碗をまわします。正しいまわし方はどれですか。

A.

畳の上で右に
90度まわす

B.

手に持って右に
90度2回まわす

C.

手に持って左に
90度2回まわす

126 慣用句です。割ったり、決めたり、立ったりするのは体のどこでしょう。

A. 頭

B. 腹

C. 足

127 江戸時代の末にアメリカのペリーが開国を求めてきた時の船を俗に何といいますか。

A. 白船

B. 赤船

C. 黒船

125. B. 手に持って右に90度2回まわす

【お茶の飲み方】

① 茶碗を持ち上げる　② 右に90度ずつ2回まわす　③ 両手で茶碗を持って飲む

茶碗の正面（一番きれいなところ）から飲まないように茶碗をまわす

126. B. 腹

「腹を割る」とは隠さずに心の内をさらけ出す、「腹を決める」とは決意する、「腹が立つ」とは怒るという意味。

127. C. 黒船

ペリーは1853年7月に浦賀（神奈川県）に蒸気船でやってきた。この船は船体が黒色に塗られていたため「黒船」と呼ばれた。黒船の出現に人々は大変驚き、見物人が殺到した。

問題 Q

中級

128 見習ってはならない悪い見本となる人や事柄を「(　　)教師」といいます。

- A. 家庭
- B. 裏
- C. 反面

129 明石家さんま、中川家、ミルクボーイ、かまいたちなどの芸人が所属しているお笑いの会社はどこですか。

- A. 松竹芸能
- B. 吉本興業
- C. 太田プロダクション

130 じろじろ、ワンワンなどの擬態語・擬音語のことを何といいますか。

- A. ピジン
- B. アスペクト
- C. オノマトペ

131 60歳で何のお祝いをしますか。

- A. 還暦
- B. 喜寿
- C. 米寿

A 解答と解説

128 C. 反面

例：ギャンブル好きの父を反面教師として、私はかけ事には一切手を出さないことにしている。

129 B. 吉本興業

お笑いといえばまず名前が挙がる大阪発祥の会社（創業1912年）。現在は東京にも本部があり、「笑いの総合商社」とも言われる。

130 C. オノマトペ

フランス語の「onomatopée」から。日本語には音はもちろん、様子や感覚、気持ちを表すオノマトペがたくさんある。「ちら見、ツンデレ、てへぺろ、ぴえん、じわる」などの言葉もオノマトペがもとになっている。

131 A. 還暦

60年で再び生まれた年の干支に還るため、還暦と呼び、お祝いをする。喜寿は77歳、米寿は88歳のこと。

問 題 Q

中級

132 ピン芸人とは何人で活動する芸人ですか。

A. 一人
B. 二人
C. 三人

133 郵便物の宛名を書く時、相手が個人ではなく、団体の場合に宛名の下に書く言葉は何ですか。

A. 行
B. 様
C. 御中

134 ヤングケアラーとはどういう人ですか。

A. 貧困状態にある子ども
B. 家事や家族の世話をする子ども
C. 学校に行かない子ども

135 秋田県の郷土料理といえば何ですか。

A. ほうとう
B. ジンギスカン
C. きりたんぽ

A 解答と解説

中級

132 A. 一人

ピンとは一人であること。ポルトガル語 pinta (点の意味) から。ピン芸人の大会として R-1 グランプリがある。

133 C. 御中

宛名の下に書く言葉は、相手が団体の場合は「御中」、個人の場合は「様」。「行」は宛先が自分である場合に自分の名前の下に書く言葉。

134 B. 家事や家族の世話をする子ども

young carer。本来は大人がすべき家事や、高齢の祖父母、幼い兄弟、病気や障害のある家族の世話を日常的にしている子供。

135 C. きりたんぽ

すりつぶしたご飯を焼いたもの

A. ほうとう

山梨県の郷土料理

B. ジンギスカン

北海道の羊肉の焼肉

問題 Q

136 これは何ですか。

A. 耳かき
B. まごの手
C. つまようじ

137 かえるのような泳ぎ方を何といいますか。

A. 背泳ぎ
B. 平泳ぎ
C. バタフライ

138 調理をする時に特別な免許がいるのはどれですか。

A. ふぐ
B. うなぎ
C. くじら

139 日本の面積に占める山地・丘陵の割合は約何パーセントですか。

A. 約30％
B. 約50％
C. 約70％

A 解答と解説

136 C. つまようじ

A. 耳かき　　B. まごの手

137 B. 平泳ぎ

英語は breaststroke。その他、クロール、背泳ぎ、バタフライなどの泳ぎ方がある。

138 A. ふぐ

ふぐには危険性の高い毒があることから、各都道府県ではふぐ取扱者の資格やふぐの調理をおこなう施設の届け出などの規制が設けられている。

139 C. 約70％

残りの約30％の平野に国民の80％が住んでいる。

問題 Q

中級

140 「四六時中」とはどういう意味ですか。

A. 4 時から 6 時まで
B. 5 時ごろ
C. 一日中

141 最近多い男の子の名前です。
「あお」「あおい」などと読むのはどれですか。

A. 碧
B. 蓮
C. 凪

142 日本では急ぐ人のためにエスカレーターの片側をあけて立つことが多いですが、関西ではどちら側に立ちますか。

A. 左
B. 右
C. 真ん中

143 2025 年大阪・関西万博の公式キャラクターの名前は何ですか。

A. ミライトワ
B. もずやん
C. ミャクミャク

©Expo 2025

A 解答と解説

140 C. 一日中

昔は一日を12刻(こく)で表していたため、「二六時中(にろくじちゅう)」(2 × 6=12)と言っていたが、24時間制に合わせて「四六時中(しろくじちゅう)」(4 × 6=24)と言うようになった。

141 A. 碧

Bは「れん」、Cは「なぎ」と読む。陽翔(はると)、律(りつ)なども多い。女の子の多い名前には陽葵(ひまり、ひなた)、凛(りん)、紬(つむぎ)などがある。

142 B. 右

東京やその他の都市では左に立って右をあけるが、大阪や奈良、兵庫などでは右に立って左をあける。ただし、本来はエスカレーターでは歩いてはいけない。

143 C. ミャクミャク

赤い部分は「細胞」、青い部分は「清い水」で、細胞と水が一つになって生まれた正体不明の生物を表す。Aは東京2020オリンピック、Bは大阪府の公式マスコットキャラクター。

日本の歴史

時代	縄文時代	弥生時代	古墳時代	飛鳥時代 592〜710
年	約15,000年前〜約2,300年前	紀元前4世紀ごろ〜3世紀中ごろ	3世紀中ごろ〜7世紀ごろ	604年 / 607年 / 645年
できごと	● 縄文土器を使用 縄文時代の終わりに九州地方に稲作が伝わる 竪穴式住居	● 卑弥呼が邪馬台国の女王となる ● 稲作が東北地方にまで広がる ● 弥生土器を使用	漢字や仏教、儒教が大陸から伝わる 巨大な前方後円墳が造営される ヤマト政権が誕生	大化の改新が始まる ● 法隆寺が建立される 遣隋使が派遣される 十七条憲法が制定される

時代	安土桃山時代 1573〜1603	江戸時代 1603〜1868	明治時代 1868〜1912
年	1573年 / 1590年 / 1600年	1603年 / 1867年	1868年
できごと	織田信長が室町幕府を滅ぼす ● 千利休により茶の湯が確立される 豊臣秀吉が天下統一 関ヶ原の戦い	徳川家康が江戸幕府を開く キリスト教を禁止し、鎖国を行う ● 安定した世の中で経済が発展する ● 俳諧、文楽、歌舞伎、浮世絵などの町人文化が盛んになる 徳川慶喜が大政奉還	明治に改元される(明治維新) ● 天皇中心の国づくり 「富国強兵」を掲げ、近代化を進める ● 「文明開化」 西洋の文化、技術などを多く取り入れる ● 福沢諭吉・夏目漱石などが活躍

日本の歴史

奈良時代 710〜794

- 710年　平城京(奈良)に遷都
- 752年　東大寺大仏の開眼供養
- 律令制による国家の統治を目指す
- 遣唐使の派遣により、中国文化の影響を受ける
- 『古事記』『日本書紀』『万葉集』が編纂される

平安時代 794〜1185

- 794年　平安京(京都)に遷都
- 藤原氏摂関政治と貴族文化の時代
- かな文字が広まる
- 『源氏物語』『枕草子』『古今和歌集』が書かれる
- 武士が台頭する
- 1185年　平氏と源氏が争い、平氏が滅びる

鎌倉時代 1185〜1333

- 1185年　源頼朝が鎌倉幕府を開く
- 武家政権の始まり
- 「浄土宗」など仏教の新しい宗派が広まる
- 力強く素朴な文化が広まる

室町時代 1336〜1573 / 戦国時代

- 1336年　足利尊氏が室町幕府を開く
- 南朝と北朝が対立
- 能・狂言が生まれる
- 応仁の乱
- 1467年　各地で武将が覇権をめぐって戦う
- 1543年　鉄砲伝来
- 1549年　キリスト教伝来

大正時代 1912〜1926

- 1914年　第一次世界大戦が始まる
- 大正デモクラシーが盛んとなる
- 1923年　関東大震災が起こる

昭和時代 1926〜1989

- 1929年　世界恐慌が起こる
- 1939年　第二次世界大戦が始まる
- 1945年　広島と長崎に原子爆弾投下 ポツダム宣言受諾
- 1946年　日本国憲法の公布
- 高度経済成長
- 1964年　東京オリンピック開催
- 1970年　日本万国博覧会(大阪)開催

平成時代 1989〜2019

- 1991年　バブル景気崩壊
- 1995年　阪神・淡路大震災が起こる
- 2011年　東日本大震災が起こる

令和時代 2019〜

- 2020年　新型コロナウイルス感染症の世界的大流行
- 2021年　東京オリンピック開催

Quiz
上級

もっと難しい問題にチャレンジ！

Let's try!

問題 Q

上級

1 日本に漢字が伝わったのはいつ頃だといわれていますか。

A. 1～2世紀
B. 4～5世紀
C. 7～8世紀

2 ことわざです。「目から（　　　）が落ちる」

A. めだま
B. めがね
C. うろこ

3 沖縄で生まれた武道はどれですか。

A. 柔道（じゅうどう）
B. 空手（からて）
C. 合気道（あいきどう）

4 この服は何といいますか。

A. はっぴ
B. はかま
C. はちまき

A 解答と解説

上級

1. B. 4〜5世紀

漢字が中国から伝わり、使用されるようになったのは4〜5世紀頃と言われている。日本語の音を表すために漢字から万葉仮名が作られ、7〜8世紀には広く使われていた。

2. C. うろこ

何かをきっかけにして、急にそれまでわからなかった真相や本質が理解できるようになること。
例：先生の話を聞いて、目から鱗が落ちました。

3. B. 空手

大正時代に沖縄県から伝えられ、日本全国へ広まった。
Aは加納治五郎によって1882年に創始されたと言われている。
Cは植芝盛平が大正末期から昭和初期にかけて創始した。

4. A. はっぴ

日本の伝統衣装で、お祭りの時に着用したり、職人などが着用する。漢字で「法被」と書く。

問題 Q

上級

5 落とし物を拾っても届けずに自分のものにしてしまうことを何といいますか。

A. 万引き
B. ひったくり
C. ねこばば

6 国民の義務とは、納税(のうぜい)、教育、もう一つは何ですか。

A. 兵役(へいえき)
B. 勤労(きんろう)
C. 投票(とうひょう)

7 村上春樹(むらかみはるき)の作品はどれですか。

A. キッチン
B. 白夜行(びゃくやこう)
C. ノルウェイの森

8 (　　　)は東京大学のシンボルの一つです。

A. 赤門
B. 哲学の道
C. 西郷隆盛像(さいごうたかもり)

169

A 解答と解説

上級

5 C. ねこばば

漢字で「猫糞」と書く。猫が糞(ばば)をした後、後ろ足で砂をかけて隠すことから。

6 B. 勤労

日本国憲法に「教育の権利と義務」「勤労の権利と義務」「納税の義務」が記載されている。

Aは日本にはない。Cは政治に参加する権利(参政権)。

7 C. ノルウェイの森

1987年に刊行され、大ベストセラーになった。村上春樹の作品には『羊をめぐる冒険』『ねじまき鳥クロニクル』『1Q84』など多数ある。Aは吉本ばなな、Bは東野圭吾の作品。

8 A. 赤門

東京大学本郷キャンパスにある門で、元加賀藩上屋敷の御住居表御門だった。
国の重要文化財に指定されている。

提供:東京大学

問題 Q

上級

9
日本のマンガの元祖ともいわれている《鳥獣戯画》は、いつ頃描かれましたか。

A. 5〜6世紀
B. 12〜13世紀
C. 17〜18世紀

栂尾山高山寺蔵　国宝 鳥獣人物戯画

10
旧暦の10月に日本中の神様が集まって縁結びの相談をするといわれている出雲大社は何県にありますか。

A. 島根県
B. 三重県
C. 神奈川県

11
相撲の取り組みで、平幕の弱い力士が横綱を倒すことを何といいますか。

A. 白星
B. 黒星
C. 金星

12
みかんの収穫量が多い県は和歌山県と、どこですか。

A. 宮崎県
B. 山口県
C. 愛媛県

A 解答と解説

上級

9 B. 12〜13世紀

鳥獣戯画は京都市右京区の高山寺に伝わる絵巻物で、猿、兎、蛙などが遊んでいる姿が擬人的に描かれている。全部で4巻で、全長44mにもなる。

10 A. 島根県

旧暦の10月は全国の神々が島根県出雲地方に集まり、神がいなくなるため神無月と言われている。出雲地方では、神在月と呼ばれる。

11 C. 金星

相撲で白星は勝ちの意味で、黒星は負けの意味。金星とは、横綱と三役(大関・関脇・小結)を除いた力士が横綱に勝利すること。番狂わせなので会場が大いに沸く。

12 C. 愛媛県

みかんの収穫量(2023年)は、1位和歌山県143,900t(21%)、2位愛媛県111,100t(16%)、3位静岡県99,800t(15%)。

問題 Q

13 ねぶた祭で有名な県はどこですか。

A. 愛知県
B. 青森県
C. 鹿児島県

14 死刑執行に必要なのは誰のサインですか。

A. 警察庁長官
B. 総理大臣
C. 法務大臣

15 日本で茶道を完成させた人は誰ですか。

A. 良寛（りょうかん）
B. 千利休（せんのりきゅう）
C. 松尾芭蕉（まつおばしょう）

16 「魚（さかな）」の語源は何でしょう。

A. 坂＋奈
B. 酒＋菜
C. 砂＋金

A 解答と解説

上級

13 B. 青森県

ねぶた祭は、高さ4〜5m、幅9mあまりの巨大な灯籠（ねぶた）が街を練り歩く夏の祭り。お囃子に合わせて「ラッセーラー！ラッセーラー！」と跳人が飛び跳ねる。

【P173 写真】2024年度の青森ねぶた祭の様子

14 C. 法務大臣

日本の死刑は現在、絞首刑である。死刑判決を受けた死刑囚は、拘置所に収容され、法務大臣の命令で死刑が執行される。死刑制度の存廃に関しては議論がある。

15 B. 千利休

安土桃山時代の茶人（1522–1591）。織田信長・豊臣秀吉に仕え、厚遇されたが、最後には豊臣秀吉と関係が悪くなり、切腹させられる。Aは江戸後期の禅僧。Cは江戸前期の俳人。

16 B. 酒＋菜

お酒を飲む時に一緒に出されて食べるものという意味で、酒（さか）＋菜（な）、つまり「さかな」となった。

問　題　Q

上級

17 日本の都道府県名の中で一番たくさん使われている漢字は何でしょう。

　　A. 山
　　B. 川
　　C. 島

18 柔道で技(わざ)がきれいに決まることを何といいますか。

　　A. 指導
　　B. 技(わざ)あり
　　C. 一本(いっぽん)

19 国が運営する仕事を紹介してくれるところを何といいますか。

　　A. ハローワーク
　　B. ワークショップ
　　C. キャリアアップ

20 全国で大名(だいみょう)が戦った戦国時代とはいつ頃ですか。

　　A. 12〜13世紀
　　B. 15〜16世紀
　　C. 17〜18世紀

175

A 解答と解説

上級

17) A. 山

山は六つ（山形県、山梨県、岡山県、山口県、和歌山県、富山県）。
島は五つ（福島県、島根県、広島県、徳島県、鹿児島県）。
川は三つ（神奈川県、石川県、香川県）。

18) C. 一本

判定に用いられる合図。きれいに技が決まると一本で、一本には至らない「技あり」がある。「技あり」2つで合わせて一本となる。

19) A. ハローワーク

ハローワーク（公共職業安定所）は全国に500か所以上あり、仕事を探している人に対して仕事の紹介や相談、様々な手続きのサポートなどを無料で行っている。

20) B. 15～16世紀

室町時代末期から安土桃山時代にかけて、全国で騒乱を続けていた群雄割拠の時代を「戦国時代」という。武田信玄や織田信長、豊臣秀吉、徳川家康など有名な武将が多数いる。

問題 Q

上級

21 『源氏物語』の作者は誰ですか。

A. 清少納言
B. 紫式部
C. 和泉式部

22 このような土器が使われていたのは何時代ですか。

A. 縄文時代
B. 弥生時代
C. 飛鳥時代

23 大豆から作るものはどれでしょう。

A. 醤油
B. こんにゃく
C. 羊羹

24 コミックスの巻数が一番多いのはどれですか。

A. こちら葛飾区亀有公園前派出所
B. ゴルゴ13
C. 名探偵コナン

177

A 解答と解説

上級

21 B. 紫式部

『源氏物語』は平安中期の長編物語。主人公の光源氏と多くの女性との関係を通して、平安時代の貴族の生活を描いている。Aは『枕草子』の作者。Cは『和泉式部日記』の作者。

22 A. 縄文時代

表面に縄の模様がある土器が多く使われていたことから「縄文時代」と呼ばれている。約15000年前から約2300年前まで続いたと言われている。

23 A. 醤油

醤油をはじめ、豆腐、味噌、きな粉、豆乳、おから、油揚げ、湯葉など、大豆から作るものが日本にはたくさんある。

24 B. ゴルゴ13

『ゴルゴ13』214巻(2024年9月)で継続中、『こちら葛飾区亀有公園前派出所』201巻(2021年10月)、『名探偵コナン』105巻(2024年4月)で継続中。

問題 Q

上級

25 年に一度、結成15年までの若手漫才師の日本一を決める大会は何でしょう。

A. F-1 グランプリ
B. K-1 グランプリ
C. M-1 グランプリ

26 世界遺産にも指定された合掌造り(がっしょうづく)で有名なところはどこですか。

A. ニセコ町
B. 白川郷(しらかわごう)
C. 白神山地(しらかみさんち)

27 納得できないことを(　　　)といいます。

A. 心に落ちない
B. 頭に落ちない
C. 腑(ふ)に落ちない

28 演劇界、特に、歌舞伎役者の世界を指す言葉はどれですか。

A. 谷町(たにまち)
B. 梨園(りえん)
C. 角界(かくかい)

A 解答と解説

上級

25 C. M-1 グランプリ

日本一の若手漫才師を決める大会。2001年に始まり2010年に一度終了したが、2015年に復活し、毎年12月に開催されている。

26 B. 白川郷

白川郷は岐阜県にあり、富山県の五箇山とともに合掌造りの集落として世界遺産に登録されている。合掌造りは、茅で葺いた三角屋根が特徴的。

【P179写真】写真提供：岐阜県白川村役場

27 C. 腑に落ちない

「腑」は、はらわた・内臓のことで、考えや心が宿るところと考えられていた。
例：彼がリーダーに選ばれるとは腑に落ちない。

28 B. 梨園

中国・唐の宮廷音楽家養成所を示すところから転じて、日本では特に歌舞伎の世界を指すようになった。
Aは力士や相撲部屋の後援者、Cは相撲の世界のことを示す。

問題 Q

29 音楽家、芸術家でビートルズのジョン・レノンと結婚した人は誰ですか。

A. オオノ・ヨシコ
B. オノダ・ヨシノ
C. オノ・ヨーコ

30 ぼたん鍋というのは何が入っている鍋ですか。

A. うまの肉
B. しかの肉
C. いのししの肉

31 「ヘルプマーク」はどれですか。

A.

B.

C.

A 解答と解説

上級

29 C. オノ・ヨーコ

1969年にジョン・レノンと結婚した小野洋子（1933-）は、平和活動、音楽活動、芸術活動などで活躍している。

30 C. いのししの肉

いのしし肉を皿に並べていくと、ぼたんの花のように見えるところから、ぼたん鍋という名前がついたと言われている。諸説あり。

31 B.

ヘルプマークは外見からは分からなくても援助や配慮が必要な人（義足や人工関節を使用している人、内部障害や難病の人、妊娠初期の人など）が、周囲の人に援助や配慮が必要なことを知らせるマーク。

A．マタニティマーク

妊娠中であることを示す

C．耳マーク

耳が不自由であることや必要なサポートを行うことを示す

これらのマークをつけている人を見かけたら、困っているようなら声をかける、交通機関で席をゆずるなどの配慮をする。

問題 Q

上級

32 平安時代の公家の女性の正装を何といいますか。

A. 十二単
B. 裃
C. 束帯

33 憲法改正に必要なのは、衆参両院の三分の二以上の賛成と、もう一つは何ですか。

A. 天皇の賛成
B. 全国の知事の三分の二以上の賛成
C. 国民投票の過半数の賛成

34 徳島県を発祥とする踊りを何といいますか。

A. 郡上踊り
B. 阿波踊り
C. よさこい鳴子踊り

35 YOASOBI のヒット曲はどれですか。

A. 紅蓮華
B. アイドル
C. NIGHT DANCER

A 解答と解説

32 A. 十二単

A. 公家女子の正装　B. 江戸時代武士の礼装　C. 公家男子の正装

33 C. 国民投票の過半数の賛成

日本国憲法改正は、憲法第96条に規定されている。憲法が1947年に施行されてから一度も改正が行われていない。現在、憲法第9条などの改正が議論となっている。

34 B. 阿波踊り

徳島県徳島市を中心にした盆踊り。連と呼ばれる踊り手の集団が踊り歩くのが特徴で、毎年多くの観光客が訪れる。
Aは岐阜県郡上市、Cは高知県高知市の踊り。

35 B. アイドル

テレビアニメ『推しの子』第1期(2023)のオープニングテーマで、世界的なヒット曲となった。YOASOBIはコンポーザーのAyaseとボーカルのikuraの音楽ユニット。

問題 Q

上級

36 江戸時代、武士に認められていた特権は、帯刀と（　　　）を持つことです。

A. 名字
B. 使用人
C. ちょんまげ

37 「百人一首」は何を100集めたものですか。

A. 川柳
B. 俳句
C. 和歌

38 間違っている文はどれですか。

A. マリアさんは会社を辞めると思うんですよ。
B. マリアさんは会社を辞めようと思っているんですよ。
C. マリアさんは会社を辞めようと思うんですよ。

39 『SLAM DUNK』の安西先生の台詞です。
「あきらめたら、そこで（　　　）ですよ」

A. 退部処分
B. 試合終了
C. 人間失格

A 解答と解説

上級

36) A. 名字

名字を名のり、刀を腰につけることは武士の特権であった（大商人や名主などに許される例もあった）。明治になり、全ての平民にも名字を名のることが許可され、廃刀令により帯刀は禁止された。

37) C. 和歌

100人の優れた歌人の和歌を一首ずつ集めたもの。藤原定家が選んだとされる小倉百人一首が最もよく知られている。百人一首の札を取り合う競技かるたが全国で行われており、漫画『ちはやふる』でも有名。

38) C. マリアさんは会社を辞めようと思うんですよ。

「〜ようと思う」は、話し手が発話の時点で考えた決心を述べる表現。第三者のマリアさんの考えを述べるなら、「マリアさんは〜ようと思っている」にしなければならない。

39) B. 試合終了

湘北高校がインターハイで優勝候補の山王工業高校に苦戦していた時に、ベンチに下げられた桜木花道に言った言葉。漫画の舞台の神奈川県の湘南地区には多くのファンが訪れる。

問題 Q 上級

40 夕方薄暗くなり、人の顔がよく見えなくなったという意味から、夕暮れ時のことを表すようになった言葉は何ですか。

A. やつがれ
B. あこがれ
C. たそがれ

41 ファイナルファンタジーシリーズのキャラクターをデザインしたイラストレーターはだれですか。

A. 村上隆
B. 天野喜孝
C. 奈良美智

42 日本の標準時を決める子午線が通っているのはどこですか。

A. 京都府京都市
B. 兵庫県明石市
C. 東京都中央区

43 日本ソフトバンク（現ソフトバンクグループ株式会社）を創設したのは誰ですか。

A. 孫正義
B. 柳井正
C. 松下幸之助

A 解答と解説

上級

40 C. たそがれ

「誰そ彼は＝だれだ、あれは？」から。漢字で「黄昏」と書く。古語で「かわたれどき（彼は誰時）」という明け方を表す表現もある。

41 B. 天野喜孝(あまのよしたか)

画家、キャラクターデザイナー、イラストレーターであり、舞台美術や衣装デザインも手がけている。『タイムボカン』や『新造人間キャシャーン』などのキャラクターもデザインした。

42 B. 兵庫県明石市(あかしし)

日本の標準時子午線(しごせん)は東経135度の経線である。日本の標準時(JST)は協定世界時(UTC)より9時間はやい。

43 A. 孫正義(そんまさよし)

通信やインターネット関連事業だけでなく、投資やプロ野球チームの経営など幅広い事業展開を行う日本有数の企業の創業者。Bはユニクロの創業者。Cはパナソニックの創業者。

問　題　Q

上級

44 日本人がオリンピックで初めてメダルを取った競技は何でしょう。

A. 水泳
B. テニス
C. バレーボール

45 原爆の後に降った雨は、何と呼ばれていますか。

A. 黒い雨
B. 赤い雨
C. 灰雨

46 日本で一番西にある島はどれですか。

A. 南鳥島（みなみとりしま）
B. 沖ノ鳥島（おきのとりしま）
C. 与那国島（よなぐにじま）

47 小澤征爾（おざわせいじ）は（　　　）です。

A. ピアニスト
B. 指揮者（しきしゃ）
C. バイオリニスト

A 解答と解説

上級

44 B. テニス

1920年8月のアントワープオリンピックのテニス男子シングルスで熊谷一弥が銀メダルを獲得した。また、男子ダブルスでも熊谷一弥、柏尾誠一郎が銀メダルを取った。

45 A. 黒い雨

原子爆弾炸裂時に巻き上げられた泥やほこり、放射性物質などを含んだ黒色の雨のこと。原爆を扱った井伏鱒二の小説の名前でもある。

46 C. 与那国島

人口約1670人(2024年)で、周囲27.49km、面積28.96k㎡の小さい島。日本で一番最後に日が沈む。Aは最東端の島。Bは最南端の島。

47 B. 指揮者

1973年から約30年間ボストン交響楽団の音楽監督をつとめ、ウィーン国立歌劇場音楽監督もつとめた世界的な指揮者(1935-2024)。

問題 Q

上級

48
慶応義塾大学を創立したのは誰ですか。

A. 大隈重信
B. 福沢諭吉
C. 津田梅子

49
思いがけない出来事にとてもびっくりすることを「寝耳に（　　　）」といいます。

A. 虫
B. 音
C. 水

50
「重要無形文化財保持者」の通称は何ですか。

A. 人間国宝
B. 文化勲章
C. 世界遺産

51
QRコードを発明したのは日本人ですが、何から発想を得たでしょうか。

A. チェス
B. オセロ
C. 囲碁

A 解答と解説

上級

48 B. 福沢諭吉

明治時代の思想家・教育者（1835-1901）。1984年から2024年7月まで一万円札の肖像画だった。Aは早稲田大学創立者。Cは日本初の女子留学生の1人で、津田塾大学の創立者。

49 C. 水

「寝耳に水が入るが如し（寝ている時に耳に水を入れられるようだ）」の略。 例：順調に成長を続けている会社だと思っていたので、倒産したというニュースは寝耳に水だった。

50 A. 人間国宝

「演劇、音楽、工芸技術その他の無形の文化的所産で我が国にとって歴史上又は芸術上価値の高いもの」とされている無形文化財の中でも、特に重要とされる「わざ」を持つ人のこと。

51 C. 囲碁

QRコードはデンソー(旧日本電装)が1992年から開発を始め、1994年に成功。元々は自動車工場の部品管理のために開発された。

問題 Q

上級

52 水を使わず石と砂で山や水の景色を表現した庭を何といいますか。

A. 箱庭(はこにわ)
B. 枯山水(かれさんすい)
C. 池泉庭園(ちせん)

53 2023年にメジャーリーガーの大谷翔平(おおたにしょうへい)がロサンゼルス・ドジャースと10年契約した金額はいくらですか。

A. 総額 7 億ドル
B. 総額 5 億ドル
C. 総額 2 億ドル

54 日本の日の出の時刻が最も早いところと最も遅いところはどのくらいの時間差がありますか。

A. 約 60 分
B. 約 90 分
C. 約 120 分

55 皇族(こうぞく)に選挙権と被選挙権はありますか。

A. 選挙権だけある
B. 選挙権も被選挙権もある
C. 選挙権も被選挙権もない

A 解答と解説

52　B. 枯山水

京都の龍安寺や大徳寺、天龍寺の庭園が有名。Aは箱の中に家や橋などの模型、土砂や木を配置して庭園を模したもの。Cは池を中心的な要素として組み込んだ日本庭園。

53　A. 総額7億ドル

総額7億ドル(約1015億円)の契約はスポーツ史上最高額で、約97％の6億8000万ドル(約986億円)を後払いとする契約になっている(2024年現在)。

54　C. 約120分

一番東の南鳥島(東経153度)の日の出と、一番西の与那国島(東経123度)の日の出の時間の違いは、約2時間である。

55　C. 選挙権も被選挙権もない

選挙権と被選挙権には戸籍が必要だが、皇族には戸籍がない。女性皇族が一般の男性と結婚すると、皇統譜から名前が消え新しい戸籍と名字ができるため、選挙に参加することができる。

問題 Q

上級

56 渋谷の待ち合わせスポットにもなっている犬の銅像。ご主人を待ち続けたこの忠犬の名前は何ですか。

　A. ポチ
　B. シロ
　C. ハチ

57 力士が相撲をする土俵の直径（内径）はどのぐらいですか。

　A. 4.55 m
　B. 5.70 m
　C. 6.70 m

58 ほとんど完全なのに、ほんの少し欠点があることを何といいますか。

　A. すりきず
　B. たまにきず
　C. すねにきず

59 「親ガチャ」とはどういう意味ですか。

　A. 親がガチャガチャうるさい
　B. 生まれてくる子供は親を選べない
　C. 子供は親によく似ている

A 解答と解説

56 C. ハチ

東京帝国大学の教授であった主人の上野英三郎氏が亡くなった後も、駅前で帰りを毎日待っていた。何度も映画化されている。

57 A. 4.55 m

土俵は土を詰めた俵を使って作る。土俵の高さは 34〜60cm、一辺が 6.7 m の正方形に土を盛り、その中央に直径 4.55 m（15尺）の円を 20 の俵で作る。

58 B. たまにきず

「玉に瑕」の「玉」は宝石の意味で、「瑕」は宝石についた傷のこと。C「すねに傷を持つ」とは人に知られたくない過去や悪事があるという意味。

59 B. 生まれてくる子供は親を選べない

ネットスラングから広まった。「ガチャ」はスマホゲームのアイテムやキャラクターを入手する方法で、もとは中身が選べないカプセルトイの自動販売機を指す。

問 題 Q

上級

60 日本で一番古い書物は何ですか。

A. 万葉集
B. 日本書紀
C. 古事記

61 『人間（　　　）』は太宰治の小説です。

A. 失格
B. 万歳
C. 絵巻

62 落語家の階級です。一番上はどれですか。

A. 真打
B. 前座
C. 二つ目

63 『進撃の巨人』のリヴァイ兵長の声優は誰ですか。

A. 宮野真守
B. 神谷浩史
C. 神谷明

A 解答と解説

60 C. 古事記

現存する日本最古の書物である。太安万侶が編纂し、712年に元明天皇に献上した。天皇を中心とする日本の統一の由来が記述されている。

61 A. 失格

『人間失格』は太宰治(1909-1948)自身がモデルとも言われている。太宰治には『走れメロス』『津軽』『斜陽』などの作品があり、根強い人気がある。38歳の時、太宰は愛人と玉川上水に入水心中した。

62 A. 真打

落語家や講談師などの階級で、実力と人気を兼ね備えた者がなれる。「前座」「二つ目」を経て、真打になるまで平均して10〜15年かかると言われている。

63 B. 神谷浩史

声優としての多数の作品に出演。『夏目友人帳』夏目貴志、『ONE PIECE』トラファルガー・ロー、『黒子のバスケ』赤司征十郎など。

問題 Q

上級

64 目的地へ行って、すぐ引き返すことを何といいますか。

A. とんぼ返り
B. 跳ね返り
C. 見返り

65 鳥などを追い払うために田んぼや畑に立てる人形を何といいますか。

A. てるてるぼうず
B. かかし
C. こけし

66 伊万里焼（いまりやき）とも呼ばれている佐賀県の有名な磁器は何ですか。

A. 有田焼（ありたやき）
B. 瀬戸焼（せとやき）
C. 信楽焼（しがらきやき）

67 井之頭五郎（いのがしらごろう）が仕事の合間にいろいろな飲食店で一人で食事を楽しむドラマは何でしょう。

A. 深夜食堂
B. きのう何食べた？
C. 孤独のグルメ

A 解答と解説

上級

64 A. とんぼ返り

飛んでいるとんぼが急に身をひるがえす様子から。

65 B. かかし

A. てるてるぼうず
晴天を願って軒先につるす

C. こけし
木製の伝統工芸品

66 A. 有田焼

佐賀県有田町を中心に焼かれる磁器。白地に色鮮やかな模様で、海外でも人気。Bは愛知県瀬戸市とその周辺の陶磁器。Cは滋賀県甲賀市信楽町を中心に生産されている陶器。

67 C. 孤独のグルメ

漫画が原作で、2012年からテレビドラマとしてシリーズ化された。高級なレストランではなく、町の大衆食堂や個人の店で中年のおじさんが一人で食事を楽しむ姿が描かれている。

問題 Q

68 ノーベル賞を受賞していない科学者は誰ですか。

A. 吉野彰
B. 北里柴三郎
C. 山中伸弥

69 四大公害病のひとつで、熊本県で発生した水銀中毒は何と呼ばれていますか。

A. イタイイタイ病
B. 四日市ぜんそく
C. 水俣病

70 『国盗り物語』『竜馬がゆく』『坂の上の雲』『功名が辻』などを書いた小説家は誰ですか。

A. 井上靖
B. 遠藤周作
C. 司馬遼太郎

71 「♪今、私の願いごとがかなうならば♪」で始まる曲のタイトルは『（　　　）をください』です。

A. 光
B. 翼
C. 心

A 解答と解説

68 B. 北里柴三郎

細菌学者で破傷風菌の純粋培養や血清療法開発に貢献した（1853-1931）。2024年7月からの千円札の肖像画。
Aは2019年に化学賞、Cは2012年に生理学・医学賞を受賞した。

69 C. 水俣病

四大公害病は1950年代後半から1970年代の高度経済成長期に、工場などから排出される有害物質により引き起こされた。水俣病の他、イタイイタイ病、四日市ぜんそく、新潟水俣病がある。

70 C. 司馬遼太郎

新聞記者を経た後、歴史小説を多く執筆した（1923-1996）。随筆や紀行文も人気がある。Aは『天平の甍』『おろしや国酔夢譚』、Bは『海と毒薬』『沈黙』などを書いている。

71 B. 翼

サッカー日本代表の応援歌として使われたり、映画『耳をすませば』の主題歌になったりしている。国内外の多くの歌手がカバーし、音楽の教科書にもたびたび掲載された。

問題 Q

上級

72 ことわざです。「三人寄れば（　　　）の知恵」

A. 神
B. 仏
C. 文殊（もんじゅ）

73 徳川家康（とくがわいえやす）が政権を握ることになった「天下（てんか）分け目の戦い」とは何という戦いですか。

A. 桶狭間（おけはざま）の戦い
B. 関ヶ原（せきがはら）の戦い
C. 壇ノ浦（だんのうら）の戦い

74 『機動戦士ガンダム』の主人公アムロ・レイの台詞（せりふ）はどれですか。

A. なぐったね！親父にもぶたれたことないのに！
B. たたいたね！親父にもたたかれたことないのに！
C. 二度もぶった！親父にもぶたれたことないのに！

75 もとは地獄という意味で、舞台や花道の下にある地下の部屋を何といいますか。

A. 奈落（ならく）
B. 楽屋（がくや）
C. 桟敷（さじき）

A 解答と解説

上級

72) C. 文殊

凡人でも3人集まって相談すれば、文殊菩薩のようにいい知恵が出るものだということわざ。文殊菩薩は仏教で知恵をつかさどる菩薩とされている。

73) B. 関ヶ原の戦い

1600年に関ヶ原(岐阜県)で、徳川家康の東軍と石田三成の西軍が天下をかけて争い、東軍が勝った。
Aは織田信長軍と今川義元軍の戦い。Cは平氏と源氏の戦い。

74) C. 二度もぶった！親父にもぶたれたことないのに！

艦長代理のブライトにぶたれたアムロが言った台詞。Aは、CMで使われたためよく知られているが、実際のアニメにはない台詞。

75) A. 奈落

もとは梵語の naraka(ナラカ)で、仏教の地獄を表していた。舞台や花道の下の地下の部屋は照明がなく真っ暗で地獄のようだったため、奈落と呼ばれるようになった。

問題 Q

76 「光の教会」や「住吉の長屋」、「表参道ヒルズ」などを設計した建築家は誰ですか。

A. 安藤忠雄
B. 磯崎新
C. 黒川紀章

77 弁護士のバッジにデザインされているものは何ですか。

A. 菊の花
B. 天秤
C. 古代の鏡

78 米の収穫量が一番多い都道府県はどこですか。

A. 北海道
B. 秋田県
C. 新潟県

79 2024年7月以降に発行される一万円札に描かれている人物は誰ですか。

A. 渋沢栄一
B. 聖徳太子
C. 福沢諭吉

A 解答と解説

76　A. 安藤忠雄

プロボクサーを経て、独学で建築を学んだ異色の経歴を持つ。Bは「京都コンサートホール」や「なら100年会館」などを、Cは「国立新美術館」や「豊田スタジアム」などを設計。

77　B. 天秤

ひまわりの花をデザインしたバッジで、バッジの中央の天秤は「公平」を表す。Aは国会議員のバッジ。Cは裁判官のバッジで「真実を正直に映し出す」という意味。

78　C. 新潟県

米の収穫量（2023年）は全国計7,165,000t。
1位新潟県591,700t（8.3％）、2位北海道540,200t（7.5％）、3位秋田県458,200t（6.4％）。

79　A. 渋沢栄一

日本資本主義の父と呼ばれる（1840-1931）。多くの企業の設立に関わり、財界のリーダーとして活躍した。一万円札の肖像は、渋沢栄一の前が福沢諭吉で、その前が聖徳太子。

問題 Q

80 かつては日本一の電気街として発展し、現在サブカルの聖地といえばどこですか。

A. 上野
B. 原宿
C. 秋葉原

81 1889年に日本で初めて選挙権が与えられたのは25歳以上の男性でしたが、その他にどんな要件があったでしょう。

A. 一定額以上の納税
B. 特定の職業
C. 特定の居住地

82 大勢の人の中から選び出されることを「(　　　)が立つ」といいます。

A. 鳥肌(とりはだ)
B. 角(かど)
C. 白羽の矢(しらはのや)

83 世界で初めて全身麻酔(ますい)を使った手術に成功した日本人は誰ですか。

A. 杉田玄白(すぎたげんぱく)
B. 華岡青洲(はなおかせいしゅう)
C. 緒方洪庵(おがたこうあん)

A 解答と解説

上級

80 C. 秋葉原

ゲームやアニメやアイドル好きの人々から電気製品に興味がある人々まで、あらゆるタイプの「オタク」が楽しめる場所となっている。

81 A. 一定額以上の納税

国税15円以上の納税が必要で人口の約1％に過ぎなかった。1925年に25歳以上の男子全員（約20％）に選挙権が与えられた。女性に選挙権が与えられたのは、第二次世界大戦後のことである。

82 C. 白羽の矢

人身御供を求める神が、気に入った娘の家の屋根に白羽の矢を立てたという俗説から生まれたと言われている。

83 B. 華岡青洲

1804年に全身麻酔下での乳がん摘出手術を成功させた。欧米で初めての全身麻酔による手術は1846年。Aは『解体新書』を翻訳。Cは天然痘治療で有名。全員江戸時代の医者。

問　題　Q

上級

84 『鬼滅の刃』で、水の呼吸の拾壱の型の技の名前は何ですか。

A. 凪
B. 水車
C. 打ち潮

85 棋聖、名人、本因坊というのは何のタイトルですか。

A. 書道
B. 囲碁
C. 俳句

86 警察官と容疑者が話しています。容疑者は何と言いますか。
警察官：本田さんを殺したのはあなたですね。
容疑者：「　　　　　　　　」

A. いいえ、私はやっていません。
B. いいえ、私はやりませんでした。

87 歌舞伎俳優の名前はどれですか。

A. 阿部寛
B. 神木隆之介
C. 市川團十郎

A 解答と解説

上級

84) A. 凪

水柱の冨岡義勇が独自に会得している技。那田蜘蛛山で竈門炭治郎が危機の際にこの技で下弦の伍の鬼、累を倒した。「水の呼吸」は炎、風、岩、雷、水の基本の５つの呼吸のひとつ。

85) B. 囲碁

棋聖、名人、本因坊は、囲碁の三大タイトルと呼ばれる。
本因坊は囲碁の家元の名前がもとで、最も歴史が長い。
棋聖が最高位。

86) A. いいえ、私はやっていません。

現在までの行動を振り返って、身に覚えがないことは、「〜ていない」を使う。

87) C. 市川團十郎

歌舞伎を代表する歌舞伎役者の名前。江戸時代から続き、現在、13代目。ＡとＢは俳優。

問題 Q

上級

88 茶道の心得に由来する「一生に一度しかないかもしれない出会いを大切にする」という意味の言葉は何ですか。

A. 一期一会
B. 一念発起
C. 一日千秋

89 香川県にある「直島」は何で有名ですか。

A. トキ
B. サンゴ
C. 芸術

90 結婚式の祝儀袋はどれですか。

A.
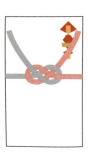

B.

C.

A 解答と解説

88 A. 一期一会

千利休の弟子であった山上宗二の著『山上宗二記』にある言葉。「一期」は一生涯、「一会」は一度の茶会のことで、心をこめてもてなすという意味。

89 C. 芸術

草間彌生のかぼちゃのオブジェ、安藤忠雄設計の地中美術館、李禹煥美術館、家プロジェクト、ベネッセハウスミュージアムなどがあり、瀬戸内海のアートの島として有名。

90 A.

祝儀袋は、祝い事に贈るお金を入れる袋。結婚式用の祝儀袋の右肩には「のし」という小さな飾りがついており、飾り紐である水引はほどけない結び方をする。

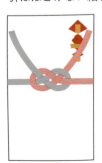

B.
合格祝い、出産祝いなど一般的なお祝い用

C.
香典袋（不祝儀袋）といい葬式などの弔事用

問題 Q

91 自治体が同性同士のカップルを婚姻に相当する関係と認め証明書を発行する制度を何といいますか。

A. 同性婚制度
B. 事実婚制度
C. パートナーシップ宣誓(せんせい)制度

92 「雨ニモマケズ　風ニモマケズ」から始まる有名な詩を書いた詩人・童話作家は誰ですか。

A. 樋口一葉(ひぐちいちよう)
B. 宮沢賢治(みやざわけんじ)
C. 谷川俊太郎(たにかわしゅんたろう)

93 『故郷(ふるさと)』の歌詞です。
「♪うさぎ（　　　）かの山　こぶなつりし　かの川　夢は今もめぐりて　忘れがたき　ふるさと♪」

A. たのし
B. おいし
C. かなし

94 iPS細胞を作り出し、2012年にノーベル生理学・医学賞を受賞したのは誰ですか。

A. 山中伸弥(やまなかしんや)
B. 本庶 佑(ほんじょたすく)
C. 湯川秀樹(ゆかわひでき)

A 解答と解説

上級

91) C. パートナーシップ宣誓制度

日本では同性同士の結婚が認められていないため、自治体が独自の証明書を発行し、様々なサービスや配慮を受けやすくする制度。広まりつつあるが、法的効力を持たないという欠点がある。

92) B. 宮沢賢治

宮沢賢治(1896-1933)は岩手県花巻出身で、『雨ニモマケズ』『銀河鉄道の夜』『風の又三郎』などが有名。

93) B. おいし

子供の頃の野山の風景を懐かしんでいる内容の歌詞。「うさぎおいし」は「うさぎを追いかけた」の意味であるが、「食べておいしい」と誤解した子供が多かった。

94) A. 山中伸弥

2006年に世界で初めて作製に成功したiPS細胞は、様々な生体組織に成長できる多能性幹細胞。再生医療や薬の開発に役立つことが期待されている。

問題 Q

上級

95 慰労や激励のために届ける食べ物や飲み物のことを何といいますか。

A. おみまい
B. さしいれ
C. おみやげ

96 学問の神様で知られている「天満宮」に祀られているのは誰でしょう。

A. ヤマトタケル
B. 菅原道真
C. 安倍晴明

97 次の将棋の駒の中で、左右に進めないのはどれですか。

A. 王将
B. 飛車
C. 歩

98 『ベイビー・ブローカー』『万引き家族』『誰も知らない』などの映画を作った監督は誰ですか。

A. 河瀬直美
B. 是枝裕和
C. 三谷幸喜

A 解答と解説

95) B. さしいれ

刑務所などに留置(りゅうち)されている人に食べ物や日用品などを届ける意味で使われ始め、現在は仕事や勉強、スポーツなどをがんばっている人に食べ物や飲み物を持って行くことをいう。

96) B. 菅原道真(すがわらのみちざね)

平安時代の貴族、学者で、醍醐(だいご)天皇の時に右大臣になるが、藤原時平(ふじわらのときひら)の讒言(ざんげん)により大宰府(だざいふ)に左遷(させん)され、亡くなった。学問の神として全国各地の天満宮に祀(まつ)られている。

97) C. 歩(ふ)

将棋の歩は、一つずつ前にしか進めない。

98) B. 是枝裕和(これえだひろかず)

是枝裕和(これえだひろかず)監督の作品には、他にも『海街 diary』『そして父になる』などがある。『万引き家族』は 2018 年第 71 回カンヌ国際映画祭でパルム・ドールを受賞した。

問題 Q

99 東京2020オリンピックのメインスタジアムである国立競技場の設計に携わった建築家はだれですか。

A. 隈 研吾
B. 原 広司
C. 丹下 健三

提供：独立行政法人日本スポーツ振興センター

100 アイヌ語で「アイヌ」とはどういう意味ですか。

A. 人
B. 神
C. 北海道

101 「ご愁傷様です」というのは、どんな時に使いますか。

A. 人が病気の時
B. 人が亡くなった時
C. 人と別れる時

102 『キングダム』で、李信が率いる飛信隊の副長として活躍する羌瘣の剣術の技は何ですか。

A. 舞踏
B. 神楽
C. 巫舞

A 解答と解説

99 A. 隈 研吾

隈研吾は1964年の東京オリンピックで、丹下健三が設計した代々木体育館を見て建築家を志した。Bは「札幌ドーム」「梅田スカイビル」「京都駅ビル」などを設計した。

100 A. 人

アイヌ語とは、主に北海道に住み独特の文化を持つ先住民族の言語。現在ではアイヌ語を話せる人が非常に少なくなっており、継承・記録が必要とされている。北海道の地名にはアイヌ語由来のものが数多くある。

101 B. 人が亡くなった時

身内の人を失ったことに対して、お悔やみの気持ちを表すために葬儀の場などで使用するのが一般的。

102 C. 巫舞

『キングダム』は原泰久による漫画が原作で、アニメ化、映画化、舞台化がされている。第31代秦王(後の始皇帝)と武将李信が主人公。羌瘣は剣の達人だが、「巫舞」が使えるのは短時間である。

問題 Q

上級

103
3世紀ごろ女王卑弥呼(ひみこ)が治めていた国は（　　　）です。

A. 奴国(なこく)
B. 邪馬台国(やまたいこく)
C. 琉球王国(りゅうきゅうおうこく)

104
《富嶽三十六景(ふがくさんじゅうろっけい)》を描いた絵師は誰ですか。

A. 伊藤若冲(いとうじゃくちゅう)
B. 歌川広重(うたがわひろしげ)
C. 葛飾北斎(かつしかほくさい)

「冨嶽三十六景」神奈川沖浪裏 大阪浮世絵美術館 所蔵

105
あらかじめ勝ち負けを約束しておいて勝負や試合をすることを何といいますか。

A. ごますり
B. はったり
C. 八百長(やおちょう)

106
人間の死は、呼吸停止、心臓停止、（　　　）の3つの兆候で判断されています。

A. 瞳孔拡大(どうこう)
B. 身体硬直(こうちょく)
C. 体温低下

A 解答と解説

103 B. 邪馬台国

『三国志』の「魏志倭人伝」に記された国で、その所在地については、九州説と畿内説に分かれている。Aは福岡市付近にあった弥生時代の小国。Cは現在の沖縄地方にあった国。

104 C. 葛飾北斎

江戸時代後期の浮世絵師（1760-1849）。ヨーロッパでも評価が高く、《富嶽三十六景》《北斎漫画》などが有名。
Aは鶏などの動植物画が有名。Bは《東海道五十三次》の作者。

105 C. 八百長

明治時代の通称「八百長」という八百屋の店主に由来すると言われている。彼は商売上の損得のために、客との囲碁の勝負にわざと負けて、勝敗をうまく調整していたという。

106 A. 瞳孔拡大

日本では、目に光を当てても瞳孔が開きっぱなしであることで、脳の機能が停止していると判断する。

問題 Q

107
裁判員裁判はどんな裁判が対象ですか。

A. 民事裁判
B. 刑事裁判
C. 刑事裁判と民事裁判

108
和室にある掛け軸や花を飾る場所を何といいますか。

A. 敷居
B. 欄間
C. 床の間

109
戦後多くの日本文化や文学を海外に紹介したアメリカ出身の日本文学の世界的権威といえば誰ですか。

A. ドナルド・キーン
B. パトリック・ハーラン
C. ラフカディオ・ハーン

110
ボカロのキャラクターはどれですか。

A. 綾波レイ
B. 初音ミク
C. 釘崎野薔薇

A 解答と解説

上級

107 B. 刑事裁判

裁判員裁判は2009年から実施されており、殺人などの刑事事件について被告人が有罪か無罪か、有罪の場合はどのような量刑にするかを裁判官と裁判員に選ばれた一般の人が一緒に決める制度。

108 C. 床の間

和室に設けられる床を一段高くした空間のこと。室町時代に造られるようになり、明治時代から床の間というようになった。

109 A. ドナルド・キーン

18歳の時に『源氏物語』の英訳本に出会い、以来、日本文学や日本文化の研究を志した。2008年に文化勲章を受章し、2012年に日本国籍を取った(1922-2019)。

110 B. 初音ミク

ボカロとはVOCALOIDの略称で、ヤマハが開発した歌声合成技術とその応用ソフトウェアのこと。

問題 Q

上級

111 評判や情報などが人の口から口に広がることを何といいますか。

A. 口答え
B. 口利き
C. 口コミ

112 これは何といいますか。

A. 磁器
B. 漆器
C. 陶器

113 金色に輝く「金閣寺」の本当の名前は何ですか。

A. 南禅寺
B. 慈照寺
C. 鹿苑寺

114 動物たちが暮らす村に移り住んで、コミュニケーションを通して、ゆったりとした暮らしを楽しむ任天堂のゲームは何ですか。

A. どうぶつの森
B. 憩いの森
C. みんなの森

A 解答と解説

111 C. 口コミ

「コミ」はコミュニケーションの意味で、マスコミをもじった語。もとは人の口から口へ広がる小規模なものであったが、インターネットの普及により、影響力が非常に大きくなった。

112 B. 漆器

漆器は木や紙などに漆を塗り重ねて作る。陶器は主成分が土でできている。磁器は主成分が石の粉末でできている。

113 C. 鹿苑寺

金閣寺(京都市)は、室町幕府第3代将軍の足利義満によって1397年に建てられた。何度も焼失し、1950年の放火焼失は小説にもなっている。Bは銀閣寺(京都市)の正式名称。

114 A. どうぶつの森

シリーズ第1作は2001年任天堂より発売。2020年発売の「あつまれ どうぶつの森」は、新型コロナウイルスの「巣ごもり消費」もあり、大ヒットした。

問　題　Q

上級

115 日本一の高さを誇り、観光放水で有名な富山県にあるダムはどれですか。

- A. 黒部ダム
- B. 豊稔池ダム
- C. 宮ヶ瀬ダム

116 車の運転中に車間距離をつめたり、クラクションを鳴らしたりして運転を妨害する行為を何といいますか。

- A. おどし運転
- B. やくざ運転
- C. あおり運転

117 三権分立の「三権」とは行政権、立法権、もう一つは何ですか。

- A. 軍事権
- B. 司法権
- C. 財務権

118 江戸幕府の最後の将軍は誰ですか。

- A. 徳川慶喜
- B. 徳川家光
- C. 徳川吉宗

上級

115　A. 黒部ダム

1956年着工で、約7年かけて1963年に完成した。高さは186メートルで、毎秒10トン以上の水が放水される景色は人気がある。
Bは香川県、Cは神奈川県にある。

116　C. あおり運転

あおり運転は以前からあったが、2017年ごろから社会問題化して、2020年に厳罰化された。

117　B. 司法権

三権分立とは国家権力を分散させることにより、権力の濫用を防ぎ、国民の権利と自由を守ろうとする制度。国会が「立法権」、内閣が「行政権」、裁判所が「司法権」を持っている。

118　A. 徳川慶喜

徳川第15代将軍(在職1866-1867)で、大政奉還を行った。
Bは第3代将軍(在職1623-1651)で徳川幕府の基礎を築いた。
Cは第8代将軍(在職1716-1745)で享保の改革を行った。

問題 Q

上級

119
九州にあるカルデラ地形で有名な山は何という山ですか。

A. 浅間山(あさまやま)
B. 蔵王山(ざおうさん)
C. 阿蘇山(あそさん)

120
『戦場のメリークリスマス』『ラストエンペラー』などの映画音楽を作曲した人はだれですか。

A. 細野晴臣(ほそのはるおみ)
B. 坂本龍一(さかもとりゅういち)
C. 高橋幸宏(たかはしゆきひろ)

121
絶対に大丈夫で間違いないと保証する言葉はどれですか。

A. 駄目(だめ)を押す
B. 太鼓判(たいこばん)を押す
C. 念(ねん)を押す

122
狂言で有名な人は誰ですか。

A. 野村萬斎(のむらまんさい)
B. 桂 文枝(かつらぶんし)
C. 木村庄之助(きむらしょうのすけ)

A 解答と解説

119 C. 阿蘇山

カルデラとは火山活動などで火口が陥没してできた円形の大きなくぼみのこと。阿蘇山は世界最大級のカルデラを持つ活火山で、熊本県のシンボル的存在。

120 B. 坂本龍一

坂本龍一（1952-2023）は『戦場のメリークリスマス』や『ラストエンペラー』に俳優としても出演している。1978年に細野晴臣、高橋幸宏とYMOを結成した。

121 B. 太鼓判を押す

太鼓判とは「甲州金」という金貨の一種のことだったが、その後、太鼓のように大きな印を示すようになり、それを押すことから絶対に確実であるという意味になった。

122 A. 野村萬斎

狂言師としてだけでなく、俳優、演出家としても活躍。狂言は日本の伝統芸能で、大きな特徴は「笑い」。笑いを通して人間を描きだしている。Bは落語家で、Cは相撲の行司。

問題 Q

123
建仁寺（京都市）に所蔵されているこの屏風は何といいますか。

A. 相馬の古内裏
B. 風神雷神図
C. 金剛力士像

124
日本で小説の著作権が保護されるのはいつまでですか。

A. 著作者の死後 50 年
B. 著作者の死後 70 年
C. 著作物創作後 100 年

125
『夏目友人帳』で、主人公の夏目貴志の用心棒の本当の名前は何ですか。

A. 柊
B. 三篠
C. 斑

126
2021 年 3 月から共用が始まった日本のスーパーコンピュータの名称は何でしょう。

A. 富岳
B. 京
C. 隼

123 B. 風神雷神図

右に風神、左に雷神が描かれた2枚の屏風。17世紀(江戸時代)の俵屋宗達の作品で国宝。Aは歌川国芳の妖怪を描いた作品。Cは東大寺(奈良市)の南大門のものが有名。

【P229写真】「風神雷神図屏風」俵屋 宗達 筆／所蔵：大本山建仁寺／画像：京都国立博物館

124 B. 著作者の死後70年

著作権の原則的保護期間は、著作者が著作物を創作した時点から著作者の死後70年を経過するまでと定められている。

125 C. 斑

主人公の夏目貴志は、幼い頃に両親をなくし、妖が見えることで、周囲の人達から気味悪がられていた。ニャンコ先生(斑)の力を借りながら、やっとできた大切な人たちを守って成長していく。

126 A. 富岳

富岳とは富士山の異名。性能が高く、幅広い分野で使えるというイメージが、日本一の高さと広い裾野を持つ富士山の姿に重なることから名付けられた。Bの後継機が富岳。

問題 Q

上級

127 相手の言葉を疑わずそのまま信じることを何といいますか。

A. 知ったかぶりをする
B. 丸暗記する
C. 鵜呑みにする

128 『万延元年のフットボール』などを書き1994年にノーベル文学賞を受賞した作家は誰ですか。

A. 大江健三郎
B. 川端康成
C. 芥川龍之介

129 仁徳天皇陵と呼ばれる日本最大の古墳の形はどれですか。

A. 　B.

C.

A 解答と解説

127) C. 鵜呑みにする

鵜という大きな水鳥が魚をかまずにそのまま飲み込むことから、人の意見を十分に考えないまま受け入れることをいう。

128) A. 大江健三郎

『飼育』『ヒロシマ・ノート』など数多くの作品を執筆 (1935-2023)。Bは『伊豆の踊子』『雪国』などを執筆。1968年ノーベル文学賞受賞。Cは『羅生門』『蜘蛛の糸』などを執筆。

129) C.

大阪府堺市大仙町にある全長486mの古墳。前が四角で後ろが円形の前方後円墳である。エジプトのクフ王のピラミッド、中国の秦の始皇帝陵と並ぶ世界三大墳墓の一つで、大仙陵ともいう。5世紀の中ごろに造られたと言われている。

問題 Q

上級

130
非核三原則とは「持たず」「作らず」、もう一つは何ですか。

A. 使わず
B. 使わせず
C. 持ち込ませず

131
神田伯山の職業は何ですか。

A. 陶芸家
B. 講談師
C. 画家

132
正しい文はどちらですか。

A. 京都に宇治というところがあるんじゃないですか。そこへ行きたいんです。
B. 京都に宇治というところがあるじゃないですか。そこへ行きたいんです。

133
幕末に活躍した「新選組」の局長は誰ですか。

A. 近藤勇
B. 土方歳三
C. 沖田総司

A 解答と解説

上級

130 C. 持ち込ませず

核兵器を「持たず、作らず、持ち込ませず」という三つの原則で、1971年に国会で決議した。

131 B. 講談師

講談とは、演者が張り扇で釈台と呼ばれる小さな机を叩いて調子を取りつつ、軍記や武勇伝などを語り聞かせる日本の伝統芸能。現在の神田伯山は六代目で、様々なメディアで活躍している。

132 B. 京都に宇治というところがあるじゃないですか。そこへ行きたいんです。

「〜じゃないですか(ではないか)」は、話し手と聞き手の認識が同一であることを確認する表現。A「〜んじゃないですか(のではないか)」は、話し手の「おそらくそうであろう」という推量を示す。

133 A. 近藤勇

新選組は、幕府の命により京都の治安維持や尊王攘夷派の弾圧の任務についた。近藤勇(1834-1868)は農家出身だが、天然理心流の宗家となるほどの剣の腕前だった。副長の土方歳三、隊士の沖田総司や斎藤一など、今でも人気が高い。

問題 Q

上級

134 これは何ですか。

A. ほくろ
B. あざ
C. そばかす

135 日本三景とは、厳島(宮島)、天橋立ともう一つはどこですか。

A. 秋芳洞
B. 知床
C. 松島

136 東北地方に甚大な被害を及ぼした東日本大震災は2011年の何月何日に起こりましたか。

A. 1月17日
B. 3月11日
C. 9月1日

137 取り調べや裁判で自分に不利益なことを言わなくてもいい権利を何といいますか。

A. 拒否権
B. 黙秘権
C. 拒絶権

A 解答と解説

134 A. ほくろ

漢字では「黒子」と書く。

B. あざ

C. そばかす

135 C. 松島

松島は松島湾の内外にある約260余りの島の総称で宮城県にある。厳島(宮島)は広島県、天橋立は京都府にある。

136 B. 3月11日

22,000人余りの死者、行方不明者が出た。また、福島第一原子力発電所の事故により、多くの人が避難を余儀なくされた。
Aは阪神淡路大震災(1995年)、Cは関東大震災(1923年)。

137 B. 黙秘権

黙秘権とは、取り調べや裁判の場などにおいて言いたくないことは言わなくてもいいという権利のことで、憲法38条によって保障されている。

問題 Q

138 65歳以上の人が人口の50％以上を占め、共同体の機能が維持できなくなった集落を（　　　）といいます。

A. 過疎集落
B. 危機的集落
C. 限界集落

139 文楽や歌舞伎の《義経千本桜》の舞台にもなった桜の名所はどこですか。

A. 吉野（奈良県）
B. 宇治（京都府）
C. 飛騨（岐阜県）

140 公共事業の入札の際に、入札者同士で前もって入札価格を決めておく違法行為を何といいますか。

A. 根回し
B. 談合
C. コンプライアンス

141 全て人の世話になり、自分では何もしないことを「（　　　）に（　　　）」といいます。

A. 臭いもの・蓋
B. 渡り・船
C. おんぶ・だっこ

A 解答と解説

上級

138 C. 限界集落

限界集落の中でも、9軒以下しかなく、70％以上の人が65歳以上で、共同体の機能維持が極限の状態の集落を危機的集落という。

139 A. 吉野（奈良県）

吉野山には約3万本の桜の木があり、豊臣秀吉も花見に訪れたという。青森県弘前城、長野県高遠城址公園と並んで桜の三大名所の一つに数えられる。

140 B. 談合

競売や入札の際に、競争するべき業者が前もって入札価格や落札者を話し合って協定しておくこと。高い価格や持ち回りでの落札が行われるため、刑法や独占禁止法で禁じられている。

141 C. おんぶ・だっこ

子どもの言葉で、背負うことを「おんぶ」、前に抱きかかえることを「だっこ」という。幼児がおんぶの次にだっこしてと甘えるように、他人にすべて頼りきること。

付録
誤用例
まちがい わかるかな？

日本語を勉強している人の実際にあった間違いです。
どう直せばいいか考えてみてください。

この文、あなたなら どう直す？

誤用例

1 今日は悪い天気ですね。

2 日本語を勉強するのはうれしい。

3 来年、大学から卒業します。

4 テストは 12 時まで終わります。

5 大阪で住んでいます。

6 ノートで名前を書きます。

7 私は数学が下手です。

8 私は化学が強いです。

9 アランさんが学校の前の道で歩いています。

10 トイレで落書きした人は誰ですか。消してください。

11 [スマホのメッセージ] 先生、すみません。朝寝坊しました。今から学校へ来ます。

12 私は今、ぜひトイレへ行きたいです。

13 おなかすいたなあ。昼ご飯、何を食べるかな。

14 山田さん、妻と旅行に行ったんですか。

訂正例

1　今日は天気が悪いですね。

2　日本語を勉強するのは楽しい。

3　来年、大学を卒業します。

4　テストは12時までに終わります。

5　大阪に住んでいます。

6　ノートに名前を書きます。

7　私は数学が苦手です。

8　私は化学が得意です。

9　アランさんが学校の前の道を歩いています。

10　トイレに落書きした人は誰ですか。
　　消してください。

11　[スマホのメッセージ] 先生、すみません。朝寝坊しました。今から学校へ行きます。

12　私は今、とてもトイレへ行きたいです。

13　おなかすいたなあ。昼ご飯、何を食べようかな。

14　山田さん、奥さんと旅行に行ったんですか。

誤用例

15 鹿の角を必ず触ってはいけません。

16 夏休み、私は京都へ行くと思っています。

17 レインコートを着ながら、自転車に乗っています。

18 虫をつかまえながら遊んだ。

19 病気で休んでください。

20 課長、歌がなかなかお上手ですね。

21 先輩、私が荷物を持ってあげますよ。

22 都会に住むメリットは、就職の機会が多いです。

23 どうぞ、こちらのお料理を召し上がってはいかがでしょうか。

24 東京へ行けば、山本さんに会うつもりです。

25 （私は）母が病気なので、帰国しかねない。

26 私の弟は家出しやすいです。

27 嫌なことも、海へ行けば忘れやすいです。

28 この紙飛行機は飛びにくいです。

29 一生懸命勉強すれば試験に落ちにくいです。

訂正例

15　鹿の角を絶対に触ってはいけません。

16　夏休み、私は京都へ行こうと思っています。

17　レインコートを着て、自転車に乗っています。

18　虫をつかまえて遊んだ。

19　病気ですから、休んでください。

20　課長、歌がとてもお上手ですね。

21　先輩、私が荷物を持ちますよ。

22　都会に住むメリットは、就職の機会が多いことです。

23　どうぞ、こちらのお料理を召し上がってください。

24　東京へ行ったら、山本さんに会うつもりです。

25　(私は)母が病気なので、帰国するかもしれない。

26　私の弟はよく家出します。

27　嫌なことも、海へ行けば忘れられます。

28　この紙飛行機はうまく飛びません。

29　一生懸命勉強すれば試験に落ちることはないでしょう。

誤用例

30　あからさまに言って、彼のことが嫌いだ。

31　あの部長はパワハラをよくなさるらしい。

32　日本へ来てから、高い買い物をしないようになりました。

33　子どもからお年寄りにかけてみんなあの歌を知っています。

34　この間の地震で多くの建物が倒された。

35　ベレルさんは寒げに廊下で友達を待っています。

36　日本のいたる所を旅行したいです。

37　京都へ行くと、着物を着た人がよく見えます。

38　親が心配しなくてもすむように、時々連絡したほうがいいよ。

39　先生が呼んでいるのをしりめに、木村君は一生懸命問題を解いていた。

40　A：落とした財布、あったの？
　　B：うん、知らない人に交番に届けてもらったんだ。

訂正例

30　率直に言って、彼のことが嫌いだ。

31　あの部長はパワハラをよくするらしい。

32　日本へ来てから、高い買い物をしなくなりました。

33　子どもからお年寄りまでみんなあの歌を知っています。

34　この間の地震で多くの建物が倒れた。

35　ベレルさんは寒そうに廊下で友達を待っています。

36　日本中を旅行したいです。

37　京都へ行くと、着物を着た人をよく見かけます。

38　親が心配しないように、時々連絡したほうがいいよ。

39　先生が呼んでいるのをしりめに、木村君は教室を出ていった。

40　A：落とした財布、あったの？
　　B：うん、知らない人が交番に届けてくれたんだ。

誤用例

41　A：どちらへ？
　　B：お弁当を買うためにスーパーへ行きます。

42　あの人は熱心なので、みんなに好かれています。

43　A：明日のハイキングのお昼ごはん、
　　　　私はコンビニで買いますけど・・・。
　　B：いいんですか？
　　　　それはどうも、ありがとうございます。
　　A：え？

44　日本語が上手になれるように練習しています。

45　[面接試験] ダニエルと申し上げます。アメリカ人でございます。よろしくお願いいたします。

46　この頃、映画館で偶然中川さんに会いました。

47　料理をしようと思って冷蔵庫を開けたら、2つ卵しか残っていなかった。

48　私は毎日、朝起きるたびに歯をみがきます。

49　一日に3回ずつご飯を食べます。

50　お寿司を食べるのなら、駅前の店に行くつもりです。

51　財布を忘れました。そこで困りました。

訂正例

41　A：どちらへ？
　　B：お弁当を買いにスーパーへ行きます。

42　あの人は親切なので、みんなに好かれています。

43　A：明日のハイキングのお昼ごはん、私はコンビニで買いますけど…。
　　B：そうですか。私はお弁当を持って行くつもりです。
　　A：へぇ、自分で作るんですね。

44　日本語が上手になるように練習しています。

45　[面接試験] ダニエルと申します。
　　アメリカ人です。よろしくお願いいたします。

46　この間、映画館で偶然中川さんに会いました。

47　料理をしようと思って冷蔵庫を開けたら、卵が2つしか残っていなかった。

48　私は毎日、朝起きて歯をみがきます。

49　一日に3回ご飯を食べます。

50　お寿司を食べるのなら、駅前の店に行きましょう。

51　財布を忘れました。それで困りました。

誤用例

52　ボールペンをかしてくれてもいいですか。

53　先生の都合がいい限り、休講にならない。

54　あの人は学生ながら全く勉強していません。

55　先生に教えてもらったので、さっそくわかりました。

56　お母さんは子どものために、念を入れてセーターを編みました。

57　彼は新入社員のわりに、先輩達より給料が高いです。

58　実力が足りないから、N1には合格しかねます。

59　どうするものかと悩んでいる。

60　留学は確かに大変だが、する甲斐がある。

61　今ご提案いただいたプランは高いと思っています。

62　A：あ、人が集まっていますよ。
　　B：救急車も来ているから、事故があったでしょう。

63　井上君はもう30歳なのに、子どもらしいですね。

64　山田君、3杯もラーメンを食べたんですが、まだ食べるんですか。

訂正例

52	ボールペンをかしてくれませんか。
53	先生が休まない限り、休講にならない。
54	あの人は学生ながら会社を経営しています。
55	先生に教えてもらったので、すぐわかりました。
56	お母さんは子どものために、心をこめてセーターを編みました。
57	彼は新入社員のわりに、給料が高いです。
58	実力が足りないから、N1には合格できません。
59	どうしたものかと悩んでいる。
60	留学は確かに大変だが、する価値がある。
61	今ご提案いただいたプランは高いと思います。
62	A：あ、人が集まっていますよ。 B：救急車も来ているから、事故があったんでしょう。
63	井上君はもう30歳なのに、子どもみたいですね。
64	山田君、3杯もラーメンを食べたのに、まだ食べるんですか。

誤用例

65 駅は通学や通勤をする人でにぎわっています。

66 クラスメートとカラオケに行って、楽しい思いをしました。

67 7月だというのに、冬ほど寒い。

68 マクドナルドに入ったら、ハンバーガーを注文した。

69 この本は大きすぎて、かばんに入れない。

70 弟には中国人の友達がいます。あの人は上海の出身です。

71 このビルの屋上に上がれば富士山が見えますが、向かいのビルの屋上に上がれば富士山は見えません。

72 彼は物理が気に入っているようです。

73 私が話せる言葉は、タイ語にすぎません。

74 大した病気だったので、入院しました。

75 このレストランはおいしいといっても言いすぎではない。

76 [大学の研究室での自己紹介]

これから田中先生のお世話をするジェイソンと申します。

訂正例

65　駅は通学や通勤をする人で混んでいます。

66　クラスメートとカラオケに行って、楽しかったです。

67　7月だというのに、冬のように寒い。

68　マクドナルドに入って、ハンバーガーを注文した。

69　この本は大きすぎて、かばんに入らない。

70　弟には中国人の友達がいます。
その人は上海の出身です。

71　このビルの屋上に上がれば富士山が見えますが、向かいのビルの屋上に上がっても富士山は見えません。

72　彼は物理が好きなようです。

73　私が話せる言葉は、タイ語だけです。

74　重い病気だったので、入院しました。

75　このレストランは日本一おいしいといっても言いすぎではない。

76　[大学の研究室での自己紹介]

これから田中先生にお世話になるジェイソンと申します。

誤用例

77 [石川先生へのメール]
私は国の大学で機械工学を専攻しており、
ぜひ貴様の研究室で研究をしたいと
思っております。

78 彼と手をつなぎつつ歩く。

79 今、テレビを見つつ、ご飯を食べています。

80 ルームメイトがどうしても猫を飼いたいので、
しかたなく飼うことにしました。

81 [他の人の子供に]
今度私の子供を連れてきたら、遊んであげる？

82 足が痛いので、歩かなくてもいいですよ。

83 3か月だけつきあったのに、プロポーズされました。

84 昨日写真を添付したメールをお送りしましたが、確認していただけたのでしょうか。
（怒っているわけではない）

訂正例

77 [石川先生へのメール]
私は国の大学で機械工学を専攻しており、ぜひ石川先生の研究室で研究をしたいと思っております。

78 彼と手をつないで歩く。

79 今、テレビを見ながら、ご飯を食べています。

80 ルームメイトがどうしても猫を飼いたいと言うので、しかたなく飼うことにしました。

81 [他の人の子供に]
今度私の子供を連れてきたら、遊んでくれる？

82 足が痛いでしょうから、歩かなくてもいいですよ。

83 3か月しかつきあっていないのに、プロポーズされました。

84 昨日写真を添付したメールをお送りしましたが、確認していただけたでしょうか。
（怒っているわけではない）

誤用例

85　フランス映画の優れている作品を見て、映画に興味を持つようになりました。

86　誘われたまま、ついて行った。

87　あの人は平気にうそをつく。

88　プロスポーツ選手は才能と努力を必要にする。

89　[立札]関係者以外の立ち入りを絶対に禁止します。

90　実は、今週末に作文コンテストがあるのですが、お書きした作文を先生に見ていただいてもよろしいでしょうか。

91　お腹がすいたら、リンゴが食べたいです。

92　昨日はほとんど雨がふっていました。

93　映画を見たまま寝てしまいました。

94　父と私は、互いに犬にえさをやっています。

95　大切な文法なのに、つい忘れてしまいました。

96　明治時代より前の日本には外国の大使館はあるまい。

97　あんなことを言わなくてよかったと後悔している。

98　ちょっと目を見たぐらいで、彼の気持ちがわかった。

訂正例

85　フランス映画の優れた作品を見て、映画に興味を持つようになりました。

86　誘われるまま、ついて行った。

87　あの人は平気でうそをつく。

88　プロスポーツ選手は才能と努力を必要とする。

89　[立札]関係者以外の立ち入りを禁止します。

90　実は、今週末に作文コンテストがあるのですが、書いた作文を先生に見ていただいてもよろしいでしょうか。

91　お腹がすいたら、リンゴを食べます。

92　昨日はほとんど一日中雨がふっていました。

93　映画を見ていて寝てしまいました。

94　父と私は、交代で犬にえさをやっています。

95　大切な文法なのに、忘れてしまいました。

96　明治時代より前の日本には外国の大使館はなかっただろう。

97　あんなことを言わなければよかったと後悔している。

98　ちょっと目を見ただけで、彼の気持ちがわかった。

誤用例

99　私は朝の静けさが好きなので、週末でも朝早く起きがちです。

100　A：この靴、どうですか。
　　　B：ちょっと私にとって大きいです。

101　この論文は私の研究に対して非常に重要である。

102　彼は私にとっていつも親切に接してくれる。

103　お年寄りに対して尊敬すべきだ。

104　では、今から自国の環境問題に対して、グループで話し合ってください。

105　店員がお客に向かってメニューの説明をしています。

106　私がこの人を結婚相手に選んだ原因は、家族をとても大切にする人だったからです。

107　明日は寒いと思って、コートを着て行くつもりです。

108　このパソコンなら安くて買えます。

109　すみません。今日は体の調子が悪いので、休んでいただけますか。

訂正例

99 　私は朝の静けさが好きなので、週末でも朝早く起きます。

100 　A：この靴、どうですか。
　　　B：ちょっと私には大きいです。

101 　この論文は私の研究にとって非常に重要である。

102 　彼は私にいつも親切に接してくれる。

103 　お年寄りを尊敬すべきだ。

104 　では、今から自国の環境問題について、グループで話し合ってください。

105 　店員がお客にメニューの説明をしています。

106 　私がこの人を結婚相手に選んだ理由は、家族をとても大切にする人だったからです。

107 　明日は寒いと思いますから、コートを着て行くつもりです。

108 　このパソコンなら安いので買えます。

109 　すみません。今日は体の調子が悪いので、休ませていただけますか。